# 50 ÍCONES QUE INSPIRARAM A MODA 1990

DESIGN MUSEUM

# 50 ÍCONES QUE INSPIRARAM A MODA 1990

PAULA REED

PUBLIFOLHA

# OS ANOS 1990

*Acima:* o minimalismo elegante e sexy foi o *leitmotiv* da década de 1990. Vestido de Azzedine Alaïa. *Página anterior:* a supermodelo Linda Evangelista usa um vestido de noite *prêt-à-porter* preto e branco, com casaco combinando, no desfile primavera-verão do estilista Valentino Garavani para sua casa de moda italiana Valentino, Paris, 1992.

*Acima:* Kate Moss (segunda à direita) foi, sem dúvida, o rosto dos anos 1990.
*Abaixo:* a modelo Veronica Webb na passarela do desfile de outono de 1994 de Donna Karan.

# OS ANOS 1990

Depois do crescimento e da extravagância econômica dos anos 1980, seguiu-se uma década marcada por introspecção e autocrítica. Uma nova geração de estilistas passou a questionar os limites aceitos pela alta-moda e dedicou-se a definir a modernidade. A agitação política e cultural, a crise econômica, a fome na África e o medo suscitado pelo desastre de Chernobyl conceberam o pano de fundo para um estilo de moda sombrio e conceitual.

As passarelas de Paris receberam a diversidade com os braços abertos, de costureiros tradicionais aos de vanguarda — cujos estandartes eram "os seis de Antuérpia" (p. 96). Durante a primeira metade da década, parecia que o espírito antimoda deixaria a marca mais duradoura na indústria no final do século.
O Reino Unido propiciou uma injeção muito necessária de energia e talento quando Alexander McQueen foi contratado pela Givenchy e John Galliano pela Christian Dior.

A revolução tecnológica redefiniu fronteiras e segmentos. Os estilistas passaram a planejar suas coleções para obter o máximo impacto nas telas, e os desfiles de moda internacionais tornaram-se espetáculos teatrais que expunham algumas das roupas à venda nas lojas. Com a popularização dos computadores, jornalistas de moda aos poucos foram trocando as máquinas de escrever por processadores de texto. Modelistas passaram a trabalhar com o computador em vez do papel. Diretores de arte começaram a compor as revistas usando um software de editoração eletrônica.

A moda já não se concentrava em empresas familiares, mas tornou-se uma rede de grandes conglomerados internacionais. Em um mundo que renovou a noção de luxo e ao mesmo tempo levou os vestidos mais chiques para o dia a dia e rebaixou "seguidores dedicados" a "*fashion victims*" [vítimas da moda], nada seria como antes.

A supermodelo dinamarquesa Helena Christensen nos bastidores de um desfile outono-inverno em 1994. O início da década de 1990 foi o momento da segunda grande leva de supermodelos de passarela, que se tornaram celebridades por mérito próprio.

LB

# AIR JORDANS

## Tênis levados a sério

1990

Nos anos 1990, iniciou-se uma verdadeira obsessão pelos tênis, e um número crescente de calçados esportivos virou o centro de um enorme culto na moda. Os calçados eram propagandeados tanto por celebridades como por estrelas do esporte, mas o pai de todos foi o jogador de basquete Michael Jordan (1963-).

Jordan era famoso por sua capacidade de pegar as bolas no ar e saltar mais alto do que parecia possível para um ser humano. Mas, em termos de dinheiro, seu lucro com a moda eclipsava todas as realizações mais espetaculares na quadra de basquete. Em 1985, "His Airness"* tornou-se o príncipe das campanhas publicitárias de calçados esportivos com o lançamento da linha Air Jordan da Nike. Os tênis que ele ajudou a projetar teriam uma história quase tão ilustre quanto a do próprio jogador. No ano de 1998, estimava-se que Jordan tivesse recebido mais de US$ 130 milhões só da Nike.

A linha era apoiada por uma campanha de marketing bastante eficaz com o próprio MJ. Um dos comerciais mais populares contava com o diretor de cinema Spike Lee repetindo seu papel como Mars Blackmon, torcedor fanático do New York Knicks e personagem de seu filme *Ela quer tudo* (1986). Nos comerciais, Blackmon procura desesperadamente descobrir qual é o segredo por trás das habilidades de Jordan e se convence de que "só podem ser os tênis". Tal era o *hype* em torno do modelo que houve até mesmo uma série de roubos, nos quais pessoas tinham seus Jordans levados sob a mira de uma arma.

O modelo AJ1. Ironicamente, o detalhe em preto dos Air Jordans os tornava "ilegais" para a quadra de basquete, de acordo com as regras da Associação Nacional de Basquete dos EUA. O que não impediu Michael Jordan, no entanto, de usá-los repetidamente.

* Apelido dado a Jordan, em referência aos saltos que dava da linha do lance livre na quadra e ao par de tênis da Nike.

# JULIA ROBERTS EM *UMA LINDA MULHER*

A queridinha do cinema da década

1990

O figurino de *Uma linda mulher*, filme de 1990 que marcou a virada na carreira de Julia Roberts (1967-), então com 23 anos, permanece muito elegante. Três vestidos podem ser considerados *looks* ainda atuais, mesmo décadas após o lançamento do filme: o marrom com bolinhas brancas (com chapéu coordenado) escolhido para ir à partida de polo; o vermelho usado na ópera; e o modelo do início do filme, com recortes na altura do abdome.

Mas, além das conquistas no campo da moda, as roupas tinham uma função mais sutil. Cada detalhe precisava refletir a evolução da personagem de Vivian: sua transição da pobreza à riqueza, de prostituta de bom coração a esposa troféu de Edward, personagem de Richard Gere. Como figurinista do filme, Marilyn Vance explicou: "No começo, ela exagera: jaqueta, aquelas botas, chapéu, é tudo muito poluído. Em cada *look* que se segue, nota-se uma inclinação ao 'menos é mais'. No final, ela está arrumada de maneira muito simples — é sofisticação pura".

Exceto os sapatos de salto Chanel e a gravata que Vivian usa (com mais nada) para encontrar Edward quando ele retorna ao hotel depois do trabalho, o departamento de figurino criou todas as peças que se tornaram célebres no filme indicado ao Oscar. O vestidinho com recortes, por exemplo, foi inspirado em um maiô vintage de 1960 da própria Vance.

Se os chefes do estúdio tivessem convencido a equipe, o famoso vestido vermelho seria preto. "Mas eu sabia que precisava ser vermelho", disse Vance. "Antes de a decisão ser tomada, tivemos de fazer três peças diferentes. Iluminamos e filmamos cada cor. [...] Finalmente consegui encontrar o tom certo e convencer a todos de aceitar minha opção."

*À direita:* de prostituta a esposa — as roupas de Julia Roberts em *Uma linda mulher* espelham sua transformação. *Abaixo:* o famoso vestido marrom com bolinhas brancas.

# LADY MISS KIER

## Deee-Lite reacende a pista

## 1990

O grupo Deee-Lite e sua vocalista, Lady Miss Kier, alcançaram o estrelato em 1990 com o *hit* "Groove is in the heart". Ela nasceu Kierin Magenta Kirby (1963-) em uma cidadezinha no estado de Ohio, mudou-se para Nova York a fim de estudar design de moda e descobriu entre os amigos da cena noturna um mercado pronto para suas roupas perfeitas para cair na balada, arrematadas com bota plataforma prateada.

Um de seus clientes era o DJ russo Dmitry Brill, que a convenceu a gravar uma demo com ele e o DJ japonês Towa Tei. O resultado foi uma fusão de disco, house e funk que virou o Deee-Lite, em que a voz maravilhosa com inclinação para o soul de Kirby era apoiada por uma batida incrivelmente dançante. Foi a música que definiu o início da cultura clubber dos anos 1990 em Nova York.

Kirby criou o visual exuberante da banda, inventando para si o alter ego Lady Miss Kier, a diva da balada por excelência. Com o rosto coberto de pó branco, sobrancelhas desenhadas e bem marcadas e cílios postiços de 7,6 cm, Lady Miss Kier era como uma mulher *drag queen*. Ela absorveu as influências retrô coloridas da década de 1960 que circulavam pela cena noturna e pela moda de rua naquela época e as aplicou no imaginário do Deee-Lite, criando um visual digno de palco, que contava com macacões Pucci, minivestidos em *candy colors*, plataformas altíssimas, saltos esculturais e um penteado que desafiava as leis da gravidade.

Deee-Lite: por alguns poucos e vertiginosos momentos na década de 1990, alguns especialistas avaliaram Lady Miss Kier como competição séria para Madonna.

# STEVEN MEISEL

## O toque de Midas das supermodelos

1990

Na guerra entre as gigantes do mundo editorial Condé Nast e Hearst, os fotógrafos eram as armas mais poderosas das revistas. Steven Meisel (1954-), contratado exclusivo da *Vogue*, foi o mais bem pago da época. Seu estilo bastante produzido, desavergonhadamente artificial e muitas vezes provocador definiu o visual não só das páginas das revistas de moda, como também de muitas das grandes campanhas da década — de Dolce & Gabbana a Valentino, de Calvin Klein a Gap. Foram suas lentes que capturaram Madonna em alguns dos seus momentos mais "à vontade" para o famoso livro *Sex* (1992).

Com cabelo preto escorrido, pele morena, sobrancelhas escuras e arqueadas e olhos negros impenetráveis, Meisel exibia uma figura exótica, até mesmo para uma indústria em que o incomum é normal. Apesar de se vestir sempre de preto, ele podia ser visto facilmente do outro lado de uma passarela escura com seu "uniforme" de trench coat e chapéu de pele de coelho (no inverno) ou chapéu pescador preto.

Linda Evangelista foi sua musa. Ele trabalhou com ela mais do que com qualquer outra das supermodelos. Suas fotografias de Christy Turlington, Naomi Campbell e Evangelista as alçaram ao status de ícones. Foi Meisel quem as agrupou como "a trindade", transformando-as, de superestrelas individuais, em uma espécie de força coletiva da moda. Cindy Crawford tentou uma vez explicar o toque de Midas do fotógrafo: "Ele nos faz acreditar naquilo que devemos ser no mesmo instante em que entra pela porta. E saímos pensando que posamos para as fotos mais incríveis de todos os tempos".

Steven Meisel na balada com Naomi Campbell em 1990. Apesar dos amigos estrelados, Meisel é notoriamente reticente com a mídia e não gosta de ser fotografado.

# KATE MOSS / CORINNE DAY

1990

A *new face* mais badalada da década

A carreira notável de Kate Moss teve início na edição de julho de 1990 da revista *The Face*. A fotógrafa, fundamental para o sucesso da modelo, era Corinne Day (1962-2010), que, com a *stylist* Melanie Ward, fotografou Kate aos 16 anos em Camber Sands, na Inglaterra, para o editorial "O terceiro verão do amor", com oito páginas.

Corinne Day tinha aprendido a usar uma câmera enquanto trabalhava como modelo em Milão. Seu estilo simples e documental era uma reação ao que via como um distanciamento na moda. Ela odiava as modelos da época, julgando a aparência delas como "banal, voltada apenas para evocar sexo e glamour, quando há outros elementos que constituem a beleza". Kate Moss (1974-), a aluna magricela de um colégio tradicional, era uma iniciante na agência de modelos Storm e imediatamente atraiu Corinne. Juntas, as duas revolucionaram a fotografia de moda.

Modelo e fotógrafa foram contratadas para uma sessão de fotos para a capa da edição da *Vogue* britânica de março de 1993, e assim aconteceu a transição completa de Moss da imprensa de nicho para a de grande público. A imagem de Moss — com seus olhos de corça fixados no "leitor", o cabelo penteado para trás e o rosto quase sem maquiagem — apresentou à indústria da moda uma alternativa sedutora às "seis grandes" supermodelos de proporções enormes.

A combinação poderosa de Kate Moss e Corinne Day virou a moda de cabeça para baixo, em plenos primórdios do movimento grunge, inspirando polêmicas, como a das razões que teriam levado Moss a se tornar modelo — já que tinha baixa estatura, seios sem volume, pernas arqueadas e joelhos muito ossudos —, que se arrastariam por anos a fio.

A imagem de Kate Moss diferente de tudo o que havia e o estilo fotográfico despojado de Corinne Day uniram-se pela primeira vez na edição de julho de 1990 da *The Face* com o tema "O terceiro verão do amor". A parceria delas se fortaleceu em 1993, quando Corinne fotografou Moss para a capa da *Vogue* britânica.

# GANGSTA RAP

## O verdadeiro som das ruas

1991

Nos anos 1990, surgiu uma nova vertente dentro do hip-hop, o gangsta rap, cuja principal influência estética vinha do estilo das gangues e dos presidiários. A calça larga e caída, com o cós baixo e sem cinto, remetia aos presidiários, cujos cintos e cadarços eram retirados ao chegar à prisão. Artistas como NWA (Niggaz Wit Attitude), Wu-Tang Clan e Gang Starr usavam calças cáqui Chuckie, camisa xadrez e camiseta branca Champion, jaqueta Raiders Starter e uma infinidade de outras marcas. Os acessórios eram da Carhartt e da Timberland, os tênis Chuck Taylor e, para arrematar, boné preto de beisebol Raiders e bandana.

Das marcas tradicionais, a Tommy Hilfiger (p. 78) foi eleita a preferida dos rappers quando Snoop Dogg usou uma camiseta da grife no programa *Saturday Night Live*. A exclusividade elitista inspirada pela marca tornou-a desejável, e as lojas de Nova York venderam todas as camisas iguais às de Snoop Dogg em um prazo de 24 horas após o programa. Hilfiger cortejou o novo mercado com modelos negros nas campanhas publicitárias da empresa e rappers como Puffy e Coolio nas passarelas.

A moda hip-hop tornou-se um negócio enorme à medida que crianças brancas dos subúrbios desenvolviam um apreço pelo guarda-roupa típico das ruas. Marcas como Phat Farm, Sean John e Rocawear lucraram milhões de dólares atuando nesse grande mercado.

Ice Cube, um dos precursores do gangsta rap, em 1991. As letras políticas e violentas do gangsta eram acompanhadas de um visual ao mesmo tempo agressivo e ambicioso.

RAIDERS

# CALÇA HAMMER

## Chamativa, porém funcional

1991

No começo, ela foi chamada de "calça paraquedas", sem dúvida por causa da maneira como o tecido inflava com os movimentos de quem a usava. Mas, na década de 1990, essas calças eram as preferidas de B-boys e B-girls (mais conhecidos pelo modo como a mídia se referia a eles, "dançarinos de break"), pois o corte amplo permitia movimentar-se com facilidade. Elas eram ainda mais úteis se feitas em náilon ou outro material sintético igualmente escorregadio — ainda melhor para girar ou deslizar.

Junto do agasalho de náilon, a calça paraquedas era o "uniforme" para qualquer B-boy de respeito na época. Como descreveu a jornalista Vicky Carnegy, "para levar o break a sério, era preciso um estilo levado a sério — as roupas eram chamativas, mas também confortáveis para se mexer". Os movimentos de dança vigorosos e até arriscados chamaram a atenção do grande público em uma série de filmes (como *Wild Style*, *Breakdance* e *Delivery boys*), e,consequentemente, sua influência na moda se espalhou.

Então, em 1990, apareceu Stanley Burrell (1962-), conhecido como MC Hammer, que inspirou o termo "calça Hammer" ao aparecer com uma calça paraquedas customizada no clipe do seu *hit* "U can't touch this". A versão de Hammer era justa no tornozelo com cavalo baixo e bem largo, o que a tornava ideal para sua performance animada no palco.

Burrell resumiu bem o apelo da calça que ficou, depois, conhecida pelo seu nome: "é um modo de se afirmar pela moda", disse ele. "Você pode se mexer com ela, pode dançar com ela. [...] Ela acentua o movimento e dá liberdade a ele. [...] Você se mexe, e a calça também, e isso dá um arzinho legal."

As roupas extravagantes de MC Hammer incluíam sempre esse modelo de calça — de corte amplo, algo entre a calça harém e o dhoti indiano.

# SUPERMODELOS

## Beldades rentáveis

## 1991

Naomi Campbell, Linda Evangelista, Tatjana Patitz, Christy Turlington e Cindy Crawford passaram oficialmente para um território até então inexplorado, em matéria de fama de modelos, ao aparecerem na capa da *Vogue* britânica em uma foto de Peter Lindbergh, em janeiro de 1990. Aquele foi, sem dúvida, o momento em que essas beldades lendárias — todas usando peças de jérsei feitas por Giorgio di Sant'Angelo e todas já com nomes bastante conhecidos — foram elevadas ao panteão de "supermodelos".

Junto de Claudia Schiffer, elas eram chamadas de "Big Six" [As seis maiores] e rapidamente estabeleceram credenciais muito além dos limites da moda. Participavam de *talk shows*, apareciam nas colunas de fofocas diárias, conseguiam papéis no cinema, namoravam e até casavam com astros do cinema e ganhavam fortunas. A fama deu-lhes a possibilidade de se fixarem no mercado como marcas globais, cobrando cachês cada vez mais altos. O contrato de Christy Turlington com a Maybelline rendeu US$ 800 mil pelo trabalho de apenas doze dias ao ano. Em 1995, Claudia Schiffer teria supostamente acumulado com seu trabalho no ano surpreendentes US$ 12 milhões.

O fenômeno das supermodelos, no entanto, praticamente não sobreviveu à década. Já no final dos anos 1990, cantoras pop e atrizes já tomavam o lugar das modelos profissionais nas capas de revistas de moda. Celebridade, em vez de beleza óbvia, virou o centro das atenções. Schiffer, mais tarde, teorizou: "para ser uma supermodelo, é preciso estar em todas as capas de todo o mundo ao mesmo tempo, de modo que as pessoas possam reconhecer a garota. Agora, isso é impossível, até porque a indústria da publicidade está tomada pelas estrelas pop e pelas atrizes. Supermodelos, como nós fomos, já não existem mais".

Supermodelos em ascensão: Linda Evangelista, Cindy Crawford, Naomi Campbell e Christy Turlington na passarela da Versace em 1991.

# PATRICK DEMARCHELIER E A NOVA DIANA

1991

## Uma nova década, um novo visual

Na década de 1990, o guarda-roupa da princesa de Gales, que sempre a fazia parecer mais velha do que era de fato, foi gradualmente substituído por outro, mais simples e sofisticado. Diana selecionou o que lhe caía melhor e passou a dar preferência a um estilo elegante e apurado, favorecido por sua silhueta esbelta. Depois de anos sendo considerada um ícone da moda, ela de fato se tornou um. As imagens que, sem dúvida, mudaram tudo foram requisitadas em 1991 pela editora da *Vogue* britânica, Liz Tilberis (p. 32), para a capa da revista. O *styling* ficou a cargo da conselheira de confiança de Diana para assuntos de moda, a editora assistente da revista, Anna Harvey. O fotógrafo foi o francês Patrick Demarchelier (1943-).

Críticos da realeza muitas vezes rotularam as fotos da princesa Diana feitas por Demarchelier como "iconoclastas". Ninguém, ao que parece, tinha imaginado um retrato real daquele jeito. Diana nomeou Demarchelier seu retratista pessoal, o que fez dele o primeiro não britânico a assumir esse papel na família real britânica. Ele a fotografou muitas vezes para a *Vogue* e, mais tarde, para a *Harper's Bazaar*, quando Liz Tilberis se mudou para Nova York. Foi para a *Bazaar* que ele produziu a conhecida foto em preto e branco da princesa com vestido tomara que caia, tiara e um sorriso luminoso. Naquela época, por causa da informalidade e da espontaneidade, essas fotos pareceram quase chocantes.

Demarchelier identificou de maneira astuta traços fundamentais de Diana, de um modo que nenhum outro fotógrafo tinha conseguido capturar. "Diana era engraçada e gentil, mas, acima disso, era uma mulher muito simples que gostava de coisas muito simples", contou o fotógrafo. "Ela parecia no controle, mas era também doce e vulnerável, com todo seu recato típico."

Patrick Demarchelier em uma sessão de fotos (*acima*) e em seu estúdio (*abaixo*); na parede pode ser vista sua famosa foto de Diana para a capa da *Vogue* de dezembro de 1991.

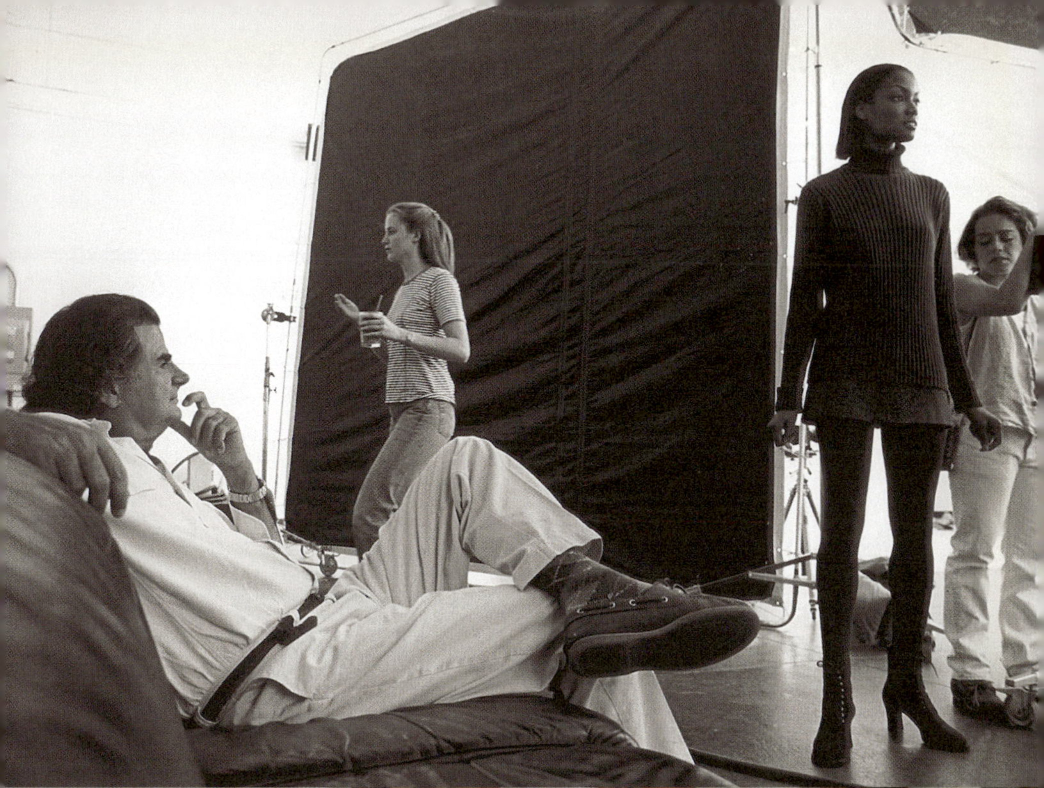

VOGUE
the year of
dance
VOGUE

# *ABSOLUTELY FABULOUS* 1992

Paródia de fashionista

Apesar de ser uma paródia impiedosa e hilariante da indústria da moda e do culto à celebridade, a série *Absolutely Fabulous*, exibida pela primeira vez em 1992, nunca perdeu participações especiais de "famosos". Curiosamente, a série muitas vezes conseguia tornar *hype* aquilo que procurava ridicularizar. O estilista Christian Lacroix, por exemplo, tornou-se mais conhecido do público quando apareceu em um episódio de *Ab Fab* em uma cena filmada em sua loja na Sloane Street.

A dupla de protagonistas, Edina (Eddy) Monsoon e Eurydice Colette Clytemnestra Dido Bathsheba Rabelais Patricia Cocteau Stone, conhecida como Patsy Stone, ciculava no cenário da moda londrina. Eddy administrava sua empresa de relações públicas, cujo único cliente regular era o cantor [fictício] Lulu, e o único funcionário da equipe, o assistente Bubble. Patsy era editora de moda em uma revista, sem portfólio, mas bem paga e com um senso exagerado da própria importância — jurava que o mundo fashion estava a seus pés. Edina estava levemente acima do peso, fato que tentava disfarçar em camadas extravagantes das últimas peças *must-have*. Patsy, em comparação, vestia-se de maneira mais elegante, muitas vezes tentando parecer Chanel, e usava o cabelo loiro preso em um coque banana característico. Ela alegava não ter comido nada desde 1973. Trabalho mesmo parecia uma realidade distante, mas sempre sobrava tempo para essa divertida dupla se "montar" (produções de gosto um tanto duvidoso...), passar várias noites movida a Stoli-Bolli, drinque que se tornou célebre graças ao seriado, e muitas tardes envolvida em maratonas de compras na "Harvey Nicks".

Patsy e Eddy desfilam a produção em um episódio de *Absolutely Fabulous*. Os *looks* ridículos da dupla satirizam o abismo entre a imagem glamorosa e a realidade imperfeita que sempre foi o "lado sombrio" da moda.

# CLAUDIA SCHIFFER

1992

## Herdeira de Bardot

Em 1987, a adolescente Claudia Schiffer (1970-) foi descoberta em uma discoteca em Düsseldorf, na Alemanha, pelo proprietário de uma agência de modelos. Ela pretendia fazer faculdade de direito, mas seus pais foram convencidos a deixarem-na ir a Paris. Schiffer, que na época se sentia um pouco desconfortável com sua altura e aparência, estava convicta de que a experiência não daria em nada: "depois de ser descoberta e de fazer algumas fotos como teste, eu tinha certeza de que perceberiam que tinham cometido um erro e me mandariam de volta para casa".

Mas, como sabemos, não houve erro nenhum. O trampolim de Schiffer para a fama veio com uma campanha de jeans para a Guess em 1990, fotografada pela então relativamente desconhecida Ellen von Unwerth. A fotógrafa criou uma imagem sexy e brincalhona para a modelo, que aproveitava sua semelhança com Brigitte Bardot. Schiffer ascendeu ao status de supermodelo como uma das favoritas de Karl Lagerfeld e apareceu na capa de mais de quinhentas revistas, incluindo *Vogue*, *Cosmopolitan* e até a *Rolling Stone*, sendo a primeiro modelo a conquistar esse feito. Esteve na passarela de praticamente todos os grandes estilistas e se tornou quase onipresente em campanhas publicitárias.

Schiffer foi a primeira grande supermodelo da década de 1990, atraindo cachês tão elevados quanto US$ 50 mil por dia e ganhando milhões com licenciamentos e aparições em eventos.

Claudia Schiffer em Paris, em 1992. Seu reinado nas passarelas, no início dos anos 1990, marcou a segunda grande geração de supermodelos.

# JOE McKENNA
## Referência dos stylists

1992

Joe McKenna pode não ser um nome familiar, mas é valioso dentro da indústria: a genialidade responsável por algumas das imagens mais influentes da década. Seja para Calvin Klein, Yves Saint Laurent, Versace ou Jil Sander, Banana Republic e Gap, a assinatura de McKenna é de simplicidade e precisão impassíveis. Na década em que a moda foi escrava da disciplina do minimalismo, ele se tornou o *stylist* de todos os *stylists*.

Nascido nos arredores de Glasgow, McKenna se mudou para Nova York em 1986 e começou sua carreira na *Vanity Fair* e na *Rolling Stone*. Na década de 1990, fez o *styling* dos anúncios do perfume CK One, trabalhando com o fotógrafo Steven Meisel (pp. 14-5). McKenna também iniciou uma parceria longa e próxima com Azzedine Alaïa e Jil Sander, tendo sido responsável pelas imagens publicitárias dessas marcas, o que definiu um novo patamar de glamour para a moda. No entanto, seus projetos mais duradouros, com os quais mais se envolveu, foram, sem dúvida, com Bruce Weber. Ter descoberto o naturalismo sexy do fotógrafo foi uma epifania que definiu sua carreira, e as colaborações renderam algumas das imagens mais ousadas da época.

Em 1992 e 1998, McKenna publicou a *Joe's*, revista que ajudou a divulgar os fotógrafos e os estilistas, com quem trabalhava, além de ser uma vitrine para ideias desvinculadas das demandas comerciais. Foram apenas duas edições, mas, em sites de comércio eletrônico de livros e revistas raros, elas ainda são oferecidas — a preços exorbitantes. No auge da era das supermodelos, a capa da primeira edição da *Joe's* trouxe uma imagem que remete à Virgem Maria, olhando para cima, exalando serenamente uma baforada de fumaça.

Páginas da primeira edição da revista *Joe's* com Stuart Friedman. O alto padrão da revista de Joe McKenna ajudou a garantir sua posição como "*stylist* dos *stylists*".

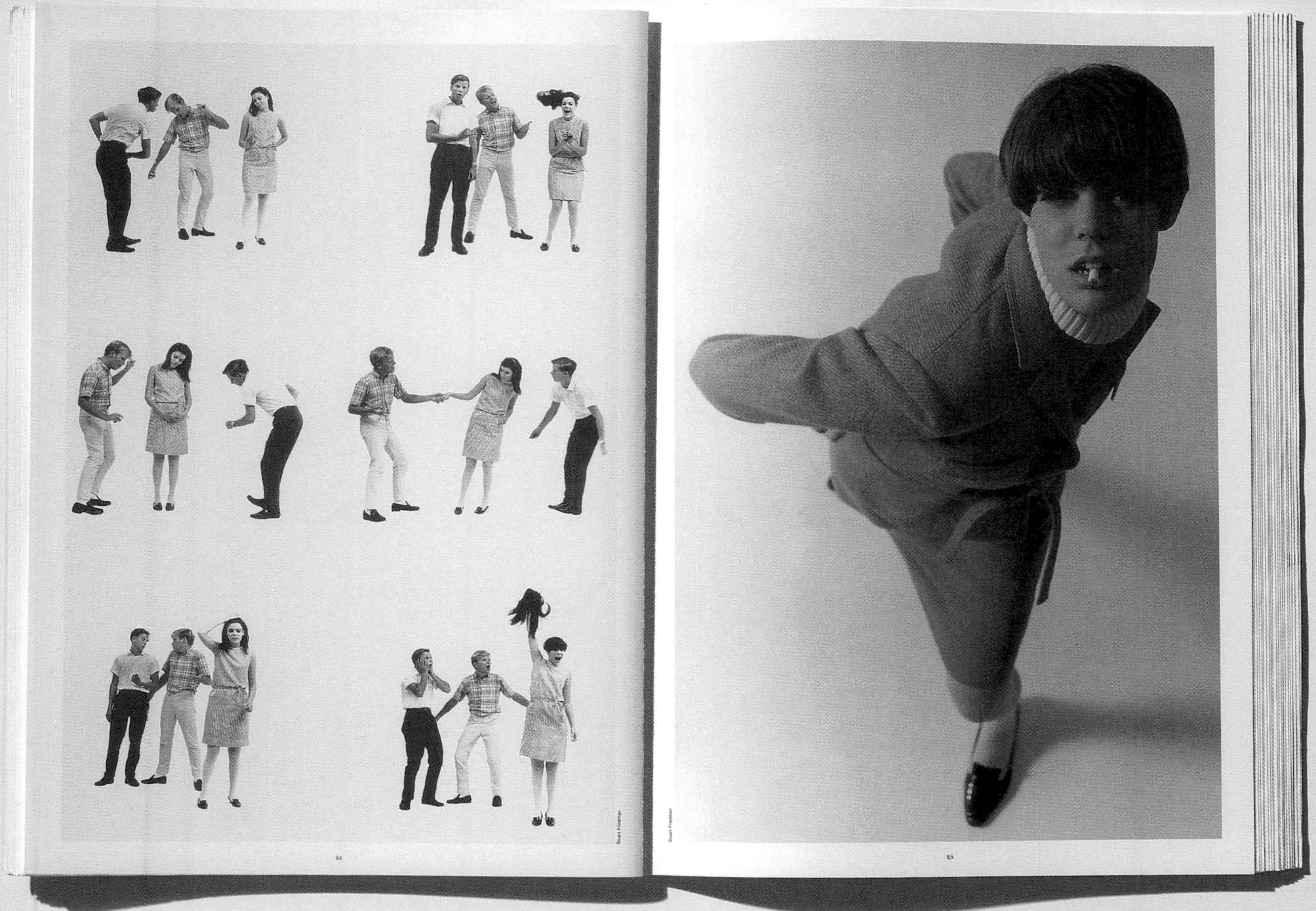
84
85

# LIZ TILBERIS

## A dama que reinventou o estilo norte-americano

1992

Liz Tilberis em sua mesa, em 1992, recém-nomeada editora-chefe da *Harper's Bazaar*. A revitalização que propôs para a respeitável, mas desgastada, revista de moda surpreendeu, num primeiro momento, e depois encantou o cenário fashion nova-iorquino.

Pode-se dizer, sem exagero, que Grace Coddington (pp. 72-3), Anna Wintour (pp. 106-7) e Liz Tilberis (1947-1999), colegas na *Vogue* britânica, foram responsáveis, na década de 1990, por mudanças indeléveis na moda. Wintour e Coddington foram transferidas para a *Vogue* Estados Unidos em 1988. Tilberis seguiu para Nova York em 1992, para ser editora-chefe da principal concorrente, a *Harper's Bazaar*, revista de moda mais importante dos Estados Unidos.

Na época, a publicação tinha passado havia muito seu apogeu, e a competição em Nova York era feroz e implacável. Temia-se que Tilberis, conhecida por seu carinho e humildade, fosse um cordeiro no matadouro. Aquele foi, certamente, um momento solitário para ela, enquanto a indústria esperava, com as sobrancelhas perfeitamente desenhadas, para ver se sua atuação seria um sucesso ou fracasso. Sua arma secreta, porém, foi o diretor de arte francês Fabien Baron. Juntos, eles instauraram uma estética minimalista que refletia perfeitamente o *zeitgeist* da moda dos anos 1990.

O projeto gráfico de Baron permanece uma referência para revistas em todo o mundo. O estilo proposto por ele caracterizou-se por layouts arejados, com bastante espaço em branco, sendo valorizado pelo uso de tipografia arrojada e sobreposta. As fotos, assim como seus criadores, eram tratadas com um novo respeito.

O estilo renovado da revista tomou de assalto todos os concorrentes, e a *Bazaar* foi rapidamente apelidada de "a mais bela revista de moda do mundo". Com a combinação campeã do virtuosismo artístico de Baron e da visão de moda prática e democrática de Tilberis, a dupla criou uma revista alguns graus mais descolada que suas concorrentes esnobes, tendo o glamour discreto como marca registrada.

PETAL

# CALVIN KLEIN

## Minimalismo e provocação

1992

É difícil acreditar, mas, no final da década de 1980, Calvin Klein (1942-), o gênio responsável pela febre dos jeans de grife nos Estados Unidos, estava à beira da falência. No decorrer dos anos 1990, ele se reinventou como mestre do minimalismo e ganhou uma fortuna com sua linha de roupas íntimas, perfumes e a marca secundária CK. Era o momento certo na moda para receber a estética minimalista de Klein. Após os excessos dos anos 1980 e a turbulência política provocada pela recessão e pela Guerra do Golfo, a elite adotou a nova simplicidade. Tanto era o desejo por formas simples que a linguagem dos arquitetos começou a aparecer nos releases de assessoria de imprensa para descrever coleções que seriam desfiladas.

Mas o golpe de mestre de Klein foi usar sua capacidade de captar o que poderia se sustentar como uma estética da alta-moda, que ao mesmo tempo fosse provocante, e usá-la em escala comercial massiva para espalhar sua mensagem. Ele já havia provado com os anúncios controversos de calça jeans, na década de 1980, com a jovem Brooke Shields, que não tinha medo de causar frisson. Na década de 1990, com Kate Moss como rosto da marca, ele explorou os limites do erotismo e da androginia. Uma imagem publicitária da Calvin Klein Jeans em 1995, especialmente polêmica, foi até acusada de incitar a pornografia infantil.

Klein consolidou seu status na alta-costura em 1993 ao ser nomeado estilista do ano, tanto na linha feminina quanto na masculina, pelo Council of Fashion Designers of America [Conselho de Estilistas de Moda dos Estados Unidos]. Seus anúncios podem ter sido considerados inadequados, mas sua abordagem no design permaneceu consistente: sexy, *clean* e minimalista.

A imagem feita por Herb Ritts do ator Mark Wahlberg, que então começava carreira na música, foi um exemplo típico da provocação de Klein, com uma publicidade direta, chocante e excitante ao mesmo tempo.

Calvin Klein

# BENETTON / OLIVIERO TOSCANI 1992

## Reflexão provocadora na publicidade

Na década de 1980, Oliviero Toscani (1942-) tinha criado uma campanha publicitária famosa e intimista, com modelos de várias etnias, para a Benetton, gigante varejista da malharia. Mas, na década de 1990, os anúncios tornaram-se cada vez mais ousados e polêmicos. Passaram a abordar temas como preconceito étnico, política, questões sociais e sexualidade. Entre elas, destacaram-se a imagem do beijo entre uma freira e um padre e a do uniforme ensanguentado de um soldado morto na Bósnia. Uma das mais polêmicas foi a imagem de David Kirby, militante soropositivo, em seu leito de morte, cercado pela família.

Durante o período em que Toscani foi diretor de arte e fotógrafo da Benetton, as campanhas para o grande público não apresentaram nem um único produto. A empresa deu liberdade total a Toscani, e ele atiçava a indignação pública de maneira implacável a cada novo conjunto de fotos, ajudando a definir a Benetton como uma marca provocadora e polêmica, que não temia se envolver em debates relevantes.

Apesar de o produto ser coadjuvante da mensagem, as vendas aumentaram, e a Benetton tornou-se uma das grifes mais conhecidas do mundo.Toscani parecia acreditar ter sido convocado para uma missão elevada. “Não estou aqui para vender pulôveres”, disse ele, “mas para promover uma imagem. [...] A publicidade da Benetton chama a atenção do público para temas universais”. Mas, com o tempo, os anúncios começaram a causar problemas custosos entre consumidores e varejistas. Em 1995, a Benetton foi processada por varejistas alemães, que argumentavam que aquelas peças publicitárias sabotavam seus esforços de vendas. Uma imagem de prisioneiros norte-americanos no corredor da morte, com seus nomes e as datas de execução, foi a gota d’água. O furor que se seguiu foi o catalisador para a saída de Toscani da empresa.

A imagem do beijo entre a freira e o padre era uma provocação calculada, especialmente tendo em conta o fato de que a Benetton era uma empresa italiana, mas o choque resultante foi leve em comparação ao que se seguiu.

UNITED COLORS
OF BENETTON.

# ACID HOUSE

## A festa nunca termina

1992

Após o "segundo verão do amor" na Grã-Bretanha, em 1988, as raves foram o ponto de partida para a criação de uma enorme subcultura jovem. Seus primórdios foram, no entanto, bem inocentes. Como nos dias hedonistas do verão do amor em São Francisco duas décadas antes, a ideia geral vinha de uma frase de Timothy Leary, o psicólogo professor de Harvard que fez experimentos com LSD, "turn on, tune in and drop out" [seria algo como: "ativar o cérebro; conectar-se ao universo; e viver sua experiência"]. Raves improvisadas (e ilegais) atraíam "clubbers" com camisetas tie-dye. Inicialmente, o público não passava das centenas, mas depois atingia os milhares. As batidas repetitivas e hipnóticas tinham um quê de psicodelia, e o LSD tornou-se mais uma vez uma droga da moda. Quando o acid house virou sinônimo de droga, a cultura rave tornou-se — aos olhos da imprensa tabloide, ao menos — uma ameaça à sociedade. Mas, nessa altura, o estilo musical já havia emergido para a cultura de massa.

A cena rave sempre teve sua própria moda, que não dependia de estilistas. A estética do "faça você mesmo" hedonista foi uma declaração de estilo espontânea e pertencia apenas ao mundo rave; os clubbers não precisavam da influência de Paris ou Nova York para montar seus *looks*. Cores flúor e brilhantes, jalecos refletivos e luvas brancas chamavam a atenção sob as luzes estroboscópicas. Elementos do *boho*, camisetas tie-dye e bijuterias com miçangas e contas, por sua vez, criaram um vínculo com o hippie. Macacões, jardineiras e botas Kicker facilitavam dançar por horas a fio. Os acessórios preferidos eram apitos, pulseiras que brilhavam no escuro e bonecos. A camiseta com o Smiley, símbolo do clube londrino Fantazia, foi um dos *must-haves* da década.

*À direita* e *abaixo:* os *looks* muitas vezes enigmáticos adotados pelos clubbers podiam parecer complicados, mas a função das cores brancas e fosforescentes era brilhar bastante sob as luzes estroboscópicas, como em um sonho alucinante.

# GAP

## Básica e globalizada

1993

Na década de 1990, a preferência por roupas simples e confortáveis atraiu clientes em massa para a Gap. A fórmula aparentemente mágica que juntava qualidade, corte clássico, preços acessíveis e uma imagem (relativamente) descolada garantiu à Gap tornar-se a escolha para milhões de pessoas.

A marca foi fundada em 1969 por um corretor imobiliário, Donald Fisher, e a primeira loja, inaugurada em São Francisco. A empresa cresceu e se tornou rapidamente um gigante do varejo com roupas, sapatos, acessórios, perfumes e roupa íntima que não só atendia à necessidade dos clientes para esses itens, como também criava novas necessidades. “A moda desacelerou na década de 1990, e a Gap estava lá, pronta para atender com enorme êxito a tendência de se vestir de maneira simples”, comentou um especialista. “A cada seis semanas, a Gap tinha mercadorias novas — não necessariamente modelos novos, mas cores novas. O cliente recebia essa mensagem imediatamente.”

A Gap não só acabou com a noção de que a moda era reservada aos ricos, como foi ainda mais longe: ela fez as grifes parecerem um exagero desnecessário. Tornou-se cada vez mais uma questão de honra comprar pechinchas, mesmo entre os ricos. Analistas de mercado denominaram a tendência para roupas funcionais de “comoditização” da moda. Alguns críticos achavam que a indústria da moda, baseada nos estilistas, tinha cavado a própria cova ao eleger “clássicos”, “chique e simples” e “minimalismo” como principais tendências durante a década.

Nem mesmo o tapete vermelho, último bastião do glamour e da alta-costura, ficou de fora do alcance da democratização da moda. Quando Sharon Stone, uma das maiores estrelas do cinema da década, subiu no palco do Oscar de 1996 vestindo uma camiseta Gap de gola rulê que custava US$ 22 com uma saia preta longa, provocou tamanho frenesi entre os compradores, que foram vendidos milhões de unidades da “camiseta Sharon Stone” nos meses seguintes.

O coletivo de criação Art Club 2000 fez da Gap o primeiro tema de suas performances sobre marcas e iconografia. As imagens foram posteriormente reproduzidas nas revistas *The Face* e *Dazed & Confused.*

GAP

# DOLCE & GABBANA

1993

*Sex appeal* direto de Milão

Domenico Dolce (1958-) cresceu perto de Palermo, na Sicília. Seu sócio, Stefano Gabbana (1962), é de Milão, núcleo do norte industrial. Como Dolce & Gabbana, os estilistas sempre refletiram os extremos da península italiana: o estilo refinado do norte e a sensualidade do sul. Seus desfiles são povoados por todas as manifestações arquetípicas da mulher italiana: da Virgem Maria à prostituta, da diva à debutante. Esposas, mães e amantes italianas são o DNA de toda coleção de Dolce & Gabbana.

A dupla lançou a marca em 1985, mas foi só na década de 1990 que começou a atingir fama internacional. A indústria da moda italiana era dominada por grifes de longa data, que operam com uma poderosa escala industrial. Era difícil para recém-chegados invadir esse grupo exclusivo e quase inédito; mais ainda para novatos se igualarem a gigantes comerciais. Mas, no final da década de 1990, noticiou-se que as vendas da Dolce & Gabbana haviam atingido cerca de US$ 500 milhões por ano.

Os estilistas construíram seu império fazendo as mulheres ficarem incrivelmente sensuais. Não há nada de inovador na silhueta ou na construção das peças. Ao contrário, muitas de suas formas são clássicos da era pré-feminista reinterpretados para um público contemporâneo. Mas o apreço dos estilistas pelo *sex appeal* e pela feminilidade à moda antiga ecoou em muitas mulheres, que acreditaram na promessa de que, com Dolce & Gabbana, todas podem parecer deusas do cinema.

Madonna usa Dolce & Gabanna em show no estádio de Wembley, Londres, em setembro de 1993, na apresentação de abertura da sua turnê mundial Girlie. Com a marca italiana, a "rainha do pop" encontrou algo que combinava perfeitamente com sua persona (a daquele momento, pelo menos) — glamorosa, divertida e absurdamente sensual.

# GRUNGE

## O triunfo da "não moda"

1993

O grunge nunca foi concebido para repercutir na moda. Na verdade, estava tão distante desse universo que não era encarado nem mesmo como antimoda. Ou, como disse James Truman, então editor da revista *Details*, em 1992: "É uma não moda". Moletom, camisa de flanela, gorro e coturno compunham a roupa de todo dia da classe trabalhadora de Seattle e foram adotados pelos músicos e seguidores da cena *underground* crescente na cidade. No início de 1990, um crítico chamou Seattle de "a cidade mais malvestida com a melhor cena musical do mundo".

À medida que o grunge tornava-se moda de rua, tratava-se mais de "desaparecer" do que "aparecer". Era uma maneira de se desvencilhar da pressão de ter de se sujeitar aos padrões, uma possibilidade de negar a obrigação da boa aparência. Havia muito que a mídia e a cultura popular dos Estados Unidos eram dominadas por imagens de corpos belos, e o grunge unia as pessoas que se esforçavam para ter um "não visual". Compravam roupas em brechós e bazares beneficentes, e não nas lojas de luxo.

Mas então, em 1992, Marc Jacobs (pp. 46-7), trabalhando para a Perry Ellis, apresentou sua hoje famosa coleção primavera-verão 1993 de inspiração grunge e transformou um estilo de se vestir cotidiano em informação de moda. Jacobs sem dúvida captou o visual: vestidos florais bem soltos usados com camisas de flanela e coturnos por modelos sem maquiagem, e o único acessório era um piercing no nariz.

Essa cooptação do grunge pelo sistema mal durou uma temporada. Em 1994, Kurt Cobain — o ícone do movimento — se suicidou, e a recessão global deu lugar ao crescimento. Roupas baratas viraram coisa do passado, e o grunge ficou esquecido (até que, décadas depois, fosse resgatado por outros estilistas).

O Nirvana foi um dos maiores expoentes do som e do visual grunge. Na foto, Kurt Cobain, vocalista do Nirvana, com a esposa Courtney Love, vocalista do Hole, e a filhinha deles, Frances Bean Cobain, em 1993.

# MARC JACOBS

## Prodígio nova-iorquino

1993

Formado na Parsons, escola de design, Marc Jacobs (1963-) tinha meros 25 anos quando entrou para a equipe de criação da marca de roupa esportiva norte-americana Perry Ellis. Foi uma escolha arriscada, mas fundamentada. O jovem Jacobs conseguiu devolver à marca uma pouco da energia do seu fundador, agregando uma boa dose de esperteza urbana nova-iorquina. Os sucessos incluíram uma camisa de algodão vermelha e branca, com jeito de toalha de piquenique e formigas pretas bordadas, e o Freudian slip [ato falho], um vestido tubinho estampado com a expressão pensativa do pai da psicanálise, o austríaco Sigmund Freud.

Os rumos de sua carreira ficaram ainda mais interessantes em outubro de 1992, quando ele apresentou sua hoje lendária coleção "grunge", inspirada pelo culto em torno dos músicos de Seattle — cidade que Jacobs admitiu nunca ter visitado. A coleção apresentava vestidos florais de alcinha acompanhados de coturnos e gorros de tricô, e camisas de seda estampadas para parecer flanela. Embora a coleção nunca tenha chegado às lojas e tenha ocasionado a demissão de Marc Jacobs de seu primeiro grande trabalho, ela o legitimou como força criativa e original na 7th Avenue em Nova York.

Em 1997, veio outra escolha surpreendente na carreira, ao aceitar o cargo de diretor criativo da francesa Louis Vuitton, com seus 146 anos de história no ramo de malas e bolsas, cujo proprietário, Bernard Arnault, acreditava que uma coleção de roupas poderia dar uma levantada na marca. A estética de Jacobs para a Louis Vuitton se organizou de maneira bem discreta, com o famoso monograma da grife [LV] escondido em lugares inusitados, debaixo de botões ou na sola dos sapatos, mas movimentos mais ousados não demorariam a aparecer. Ele aplicou o logotipo a bolsas de couro em cores primárias e fez capas de chuva coalhadas de versões pequenas do monograma. As críticas positivas conquistadas pelas coleções foram acompanhadas de um sucesso comercial surpreendente, com as vendas quadruplicadas até meados da década seguinte.

Marc Jacobs e a atriz Tatum O'Neal chegam ao Fashion Designers Awards, em Nova York, 1993. "Talentos como o sr. Jacobs tornaram-se excepcionais", escreveu Amy Spindler, do *New York Times*. "Ele é hoje o estilista mais coerente, forte, original, verdadeiro e empolgante de Nova York".

# MARIO E DAVIDE SORRENTI 1993

## A estética *heroin chic*

O fotógrafo Mario Sorrenti (1971-) é muitas vezes creditado pela criação da controversa estética que ficou conhecida como *heroin chic* [heroína chique]. Ao fim da década de 1980, Sorrenti foi apresentado a Calvin Klein por Phil Bicker, diretor de arte com quem tinha trabalhado na *The Face*. Em 1993, Klein encomendou a Sorrenti as fotos para a campanha publicitária de seu novo perfume, Obsession, e as imagens que o fotógrafo fez de Kate Moss — sua namorada na época — lançaram-no ao estrelato. A campanha mostrou-se extremamente controversa, com Sorrenti e Moss sendo alvo de uma torrente de críticas por dar ao jeito desamparado de Moss, à la Twiggy, uma abordagem bem mais pesada.

A visão sombria de Mario Sorrenti tinha muito em comum com a de seu irmão mais novo, Davide (1976-1997), também fotógrafo de moda, cujo estilo documental e naturalista se opunha às imagens super-retocadas e exageradamente glamorosas da década de 1980. Como seu irmão, Davide também enfrentou acusações de que o olhar vazio e distraído de suas modelos glamorizava o vício em heroína. Uma das fotos mais conhecidas de Davide mostrava sua namorada, a modelo e atriz Jaime King, então adolescente, deitada em uma cama, magérrima, com as roupas rasgadas e cercada por fotos de celebridades vítimas das drogas, como Kurt Cobain. Davide morreu em 1997, aos 20 anos, de causas provavelmente relacionadas ao abuso de heroína.

O debate sobre a responsabilidade da indústria da moda se estenderia pela década seguinte. Mas, enquanto isso, o fascínio da moda pelo visual natural e sem retoques, que em um momento tinha sido tão radical, ganhou aceitação com o trabalho de fotógrafos como Juergen Teller, Craig McDean e David Sims. Embora no início tenha sido uma tendência *underground*, essa abordagem logo virou recorrente entre os fotógrafos mais comerciais, que começaram a copiar o estilo.

O estilo natural e ligeiramente pesado de Mario Sorrenti, evidente nesta imagem com a jovem Kate Moss para a campanha do perfume Obsession, de Calvin Klein, anunciou uma nova tendência na fotografia de moda — para longe do glamour retocado e mais perto do fotorrealismo. A tendência, no entanto, tinha um lado mais sombrio.

OBSESSION
for men
OBSESSION
for men
Calvin Klein
Calvin Klein
eau de toilette

# MARTIN MARGIELA

## Moda intelectual

1993

O estilista belga Martin Margiela (1957-) se formou na Academia Real de Belas-Artes da Antuérpia e trabalhou por pouco tempo como assistente de Jean Paul Gaultier. Surpreendeu a indústria ao tratar a moda como um exercício intelectual, à maneira da estilista japonesa Rei Kawakubo. Dando um tempo ao consumo desenfreado da década de 1980, ele explorou as noções convencionais da beleza e trabalhou de forma isolada, ignorando as tendências existentes.

A abordagem sem concessões de Margiela o distingue de seus contemporâneos. Suas costuras inacabadas e formas desconstruídas desafiam constantemente a noção do que é possível vestir. Ele trouxe para as passarelas mesmo o mais humilde dos materiais — sacos plásticos, cacos de porcelana, até chaves de carro descartadas. Em suas mãos, o lixo de outras pessoas tornou-se cobiçado novamente.

A experimentação não se limitou ao uso de materiais. Considerando que os desfiles de moda profissionais tinham ficado sem graça, Margiela reagiu a isso realizando seus desfiles sazonais em lugares incomuns. De tendas de circo a supermercados e estações de metrô, ele dava a cada apresentação o frisson do inesperado. As modelos escaladas eram muitas vezes mulheres que ele tinha encontrado na rua.

Com tantos elogios da indústria, Margiela rejeitou o culto ao estilista, trabalhando de forma anônima e recusando entrevistas. Conhecido como "o homem invisível de moda", ele raramente permite que o fotografem. Quer direcionar os holofotes para a qualidade e a natureza de suas roupas. No agradecimento final de seus desfiles, sempre surgiu junto aos outros membros da equipe, todos vestidos com jalecos brancos idênticos.

*À direita:* contribuição de Margiela para a exposição Le monde selon ses créateurs,no Musée de la mode et du costume, Paris, 1991. As roupas concebidas de maneira rigorosa por Margiela levavam a alta--costura até o território da arte conceitual. *Abaixo:* imagem do estúdio de Margiela em Paris.

# PRADA, *PRÊT-À-PORTER* 1993

## Beleza imprevisível

A Prada lançou sua linha de *prêt-à-porter* em 1985, mas essa só ganhou força comercial de fato nos anos 1990. Miuccia Prada (1949-) começou com formas simples, saias na altura do joelho, malhas descomplicadas e casacos refinados. Suas roupas não eram o auge da moda: eram simplesmente peças úteis, tornadas desejáveis pelos tecidos requintados. Apesar disso, ou por causa disso, suas roupas enganosamente simples tornaram-se muito influentes. Ao conquistar confiança, a Prada revisitou as vestes tradicionais, decorando parcas de náilon com vison e fazendo twin sets com gorgorão de seda. Em meados da década, parecia que o mundo inteiro desejava o que o *Women's Wear Daily* chamou de "o minimalismo ultradescolado e a sensualidade impassível da Prada".

A visão singular da estilista evoluiu rapidamente ao longo da década. "Ela nunca segue tendência de ninguém, só sua própria energia original", comentou Julie Gilhart, da loja de departamentos Barneys, em Nova York. Sua ambivalência em relação aos ditames da moda a coloca em uma posição diferenciada. "Amo moda, mas acho que ela deve ficar no lugar que lhe cabe e não governar a vida de ninguém", disse Miuccia. A estilista costuma se concentrar em uma silhueta ou em uma cor da qual não gosta e se satisfaz ao conseguir transformar a inspiração repudiada em algo belo. Chegou a combinar calcinhas de flanela com galochas e uma vez mostrou uma capa de chuva transparente que se tornava opaca quando molhada.

Prada elevou tons inusitados de laranja, verde e marrom ao patamar da alta-costura. Usou poliéster duro, náilon de paraquedas e raiom rígido com seda e cashmere preciosos. Entre suas inspirações, destacam-se pin-ups dos anos 1950, suvenires bregas de Veneza, roupas da alta burguesia francesa e nerds chiques. A única coisa que se pode esperar da Prada é a absoluta imprevisibilidade da sua moda.

Miuccia Prada no desfile de lançamento da marca derivada da Prada, a Miu Miu, em Nova York, 1993. O nome da linha é o apelido da estilista.

# ELIZABETH HURLEY DE VERSACE

## Vestido certo na hora certa

1994

No ano de 1994, o mundo conheceu uma peça muito especial, "Aquele Vestido"*: a peça sinuosa, neopunk e presa por alfinetes de segurança que garantiu a Elizabeth Hurley (1965-) não ser mais lembrada apenas como "a namorada de Hugh Grant". Nos breves instantes que levou para atravessar o tapete vermelho da Leicester Square, em Londres, Hurley alcançou notoriedade duradoura na moda e foi catapultada da noite para o dia direto para os holofotes da mídia global. O evento era a estreia do filme estrelado por Grant, *Quatro casamentos e um funeral*. O traje, assinado por Gianni Versace (pp. 80-1), é claro.

O vestido preto e longo era feito de crepe de seda. Seu decote profundo era sustentado por alças presas ao corpete com botões dourados, adornados com a cabeça da medusa, assinatura de Versace. Nas costuras laterais, fendas presas, por grandes alfinetes de segurança dourados [foto]. Claramente, não havia nada entre as curvas voluptuosas de Liz Hurley e seu Versace. Ela conseguiu estar ao mesmo tempo totalmente vestida e quase nua. Para os espectadores, parecia que ela estava a apenas um suspiro da nudez total.

"Aquele Vestido" tornou-se um ícone de Versace, e a primeira grande aparição de Hurley tornou-se um momento memorável da moda. Quando, vinte anos depois, Lady Gaga usou um vestido idêntico, foi Hurley — que, para alguns, ficava muito melhor na peça — quem voltou a dominar as colunas e os blogs de fofocas. O vestido esteve em primeiro lugar em uma pesquisa realizada pela loja de departamentos Debenhams, que perguntou a 3 mil mulheres qual era seu vestido preferido de tapete vermelho. Hurley vinha à frente, acima de clássicos usados por Julia Roberts e até mesmo Audrey Hepburn.

Elizabeth Hurley é a prova viva do poder de um vestido certo, no corpo certo e na hora certa para mudar completamente a vida de alguém. Depois "daquele vestido", Hurley se tornou o símbolo sexual de uma geração.

* o vestido criado por Versace e usado por Liz Hurley ficou tão famoso que ganhou a alcunha de That Dress [Aquele Vestido].

# O SOM DE MANCHESTER

## Conforto na moda

1994

No fim da década de 1980, as paradas britânicas eram dominadas pelo som de Duran Duran, Spandau Ballet e o trio Stock, Aitken & Waterman, e parecia que "os anos 1980 estavam destinados a terminar na ignomínia musical", como afirmou o jornal *The Guardian*. Mas então apareceu o "som de Madchester"*, e o pop descartável foi expulso do caldo cultural, enquanto bandas como The Stone Roses e Happy Mondays produziam um híbrido revigorante de rock alternativo e psicodélico com dance music.

A casa noturna Haçienda, em Manchester, foi um grande catalisador, não só para o som indie como também para o visual próprio que o acompanhava. Era uma cena em que todos se vestiam com peças confortáveis, largas, roupas para ficar à vontade. Jeans largos (muitas vezes boca de sino) combinados com camiseta colorida ou tie-dye, arrematados por um chapéu pescador, como o de Reni, baterista dos Stone Roses, viraram moda primeiro em Manchester e depois em todo o Reino Unido. O visual era meio hippie, meio torcedor de futebol casual. Os tênis Adidas vintage (mas não qualquer modelo — os preferidos eram Samba, Forest Hills e Stan Smiths) eram usados com casaco esportivo de marcas como Fila e Sergio Tacchini.

Mas, claro, não era a primeira vez que tendências vindas dos jovens da classe trabalhadora do norte da Inglaterra ficavam populares no restante do país; a diferença é que antes não tinham se espalhado com tanta intensidade. Por alguns poucos (e gloriosos) anos, foi Manchester, e não Londres, a cidade que definiu o estilo urbano britânico. A marca Joe Bloggs, de Manchester, referência entre os apreciadores da cena Madchester, rendeu muitos milhões a seu proprietário, Shami Ahmed, enquanto marcas como Stone Island e Ralph Lauren também aproveitaram essa onda, lucrando com o visual largo e descontraído.

A banda The Stone Roses (*à direita*) esteve nos primórdios de uma nova cena musical que valorizou um estilo despojado de se vestir (*abaixo*).

* O nome desse movimento de rock alternativo tipicamente inglês parte da combinação de "Manchester", nome da cidade em que surgiu, com a palavra "*mad*" [doido, louco, maluco, pirado], que remete ao caráter psicodélico do som.

# PIERCINGS E TATUAGENS

1994

## As modificações corporais ganham as ruas

Em 1970, Lyle Tuttle, tatuador famoso de São Francisco, fez a conhecida tatuagem no pulso de Janis Joplin; a partir desse momento, tatuar-se virou símbolo de mulher liberada. Na década de 1990, o estandarte rebelde de Joplin foi empunhado por mais e mais mulheres sob os olhos do público. Carré Otis, Angelina Jolie e Drew Barrymore estavam entre um número crescente de celebridades que exibiam suas tatuagens sem pudor. Estrelas mais jovens, como Britney Spears e Christina Aguilera, seguiram o exemplo rapidamente.

A "revolução" grunge, nesse meio-tempo, provocou um interesse maior pela música não convencional e pela cena *underground*, além de um renascimento do punk rock. E, com isso, veio um fascínio pelas marcas distintivas dessas cenas e estilos: tatuagens e piercings viraram lugar-comum. Talvez, no início, essas modificações corporais tenham sido uma maneira de as pessoas se diferenciarem do convencional, mas, assim como aconteceu com o próprio grunge, não demorou muito para o convencional cooptar essas tendências alternativas.

Mesmo as modelos, paradigmas da perfeição feminina, entraram nessa. Stephanie Seymour e Christy Turlington tinham tatuagens. No início, a maioria das modelos tatuava partes do corpo que podiam ser escondidas facilmente no trabalho. Outras foram menos tímidas. Jenny Shimizu deslanchou sua carreira ao aparecer como uma das rebeldes tatuadas na campanha do perfume CK One, de Calvin Klein, e ostentava orgulhosamente suas tatuagens na passarela.

Na década de 1990, pessoas com piercings e tatuagens já não estavam às margens da sociedade. A *body art* podia ainda ter um quê de rebeldia, mas já não era exclusividade de roqueiros *bad boys* e gangues.

# UMA THURMAN EM *PULP FICTION*

1994

## A diva da década

Um dos ícones de estilo definitivos do cinema da década foi Uma Thurman (1970-), que interpretou Mia Wallace no clássico *Pulp Fiction –Tempo de violência*, de Quentin Tarantino, em 1994. Mia, a mulher do mafioso aterrorizante Marsellus Wallace, é a quase estrela de um programa de TV fracassado, *Fox Force Five*, que adora cheeseburger, milkshakes exagerados, Urge Overkill, *air guitar* e sarcasmo. Ela também é uma diva que abusa de certas substâncias e ostenta um corte chanel preto, reto e brilhante.

A estética da personagem baseia-se na simplicidade discreta: a heroína perfeita para uma década minimalista. Calça preta curta de boca larga, camisa branca sobre sutiã preto e sapatilha — esse se tornou um dos *looks* que definiram a década. O visual loiro da ex-modelo foi completamente transformado pela peruca preta e fez de Thurman uma mulher de mafioso bem convincente.

A calça que se tornou icônica, como muitas das melhores peças do figurino de um filme, foi escolhida completamente por acaso. Trabalhando com a figurinista, Betsy Heimann, a atriz de 1,80 m de altura não encontrava uma calça preta *skinny* com perna comprida o suficiente. Então, Heimann cortou 5 cm da bainha, e o resultado foi a *cropped* levemente aberta que ficou tão bem na cena de dança com John Travolta.

Uma Thurman como Mia Wallace no filme *Pulp Fiction – Tempo de violência*, de Quentin Tarantino. Seu estilo apurado — corte chanel Cleópatra, calça *cropped* e camisa branca — fez dela a diva perfeita para uma década minimalista.

# WONDERBRA

1994

O melhor "suporte" para as mulheres

Desde os anos 1960, as vendas do Wonderbra iam bem, devagar e sempre, e a publicidade do "turbinador" de decotes, com aros e enchimento, prometia: "faz um 34 parecer um 36, faz um 36 parecer uau". No início de 1990, a capacidade do modelo de sutiã de valorizar os seios foi redescoberta por milhões de mulheres desejosas de curvas, que o usavam sem pudor, exposto ou mal escondido sob camisetas de malha ou blusas transparentes (exibir lingerie virou moda em 1980 e ganhou força na década de 1990 quando Jean Paul Gaultier criou o sutiã cônico para a turnê Blond Ambition, de Madonna).

Com o impulso da moda passageira, as vendas do sutiã se deram a um ritmo tal que, em 1993, estimava-se que um em cada oito de todos os sutiãs comprados no Reino Unido fosse um Wonderbra. A tendência ganhou força ao longo da década, e muitos sutiãs foram feitos para ser mostrados sob ou através da roupa de cima, realçados por estampas e cores flúor, e, muitas vezes, fazendo par com uma calcinha fio dental combinando ou em contraste, cujas tiras deveriam aparecer acima das calças de cintura baixa.

Em 1994, outdoors gigantes foram instalados em ruas e cruzamentos movimentados e exibiam a modelo Eva Herzigova sorrindo para seu voluptuoso decote turbinado pelo Wonderbra, com o slogan "Hello boys" ["Olá, garotos"], no Reino Unido. O anúncio, considerado um dos mais icônicos de todos os tempos, causou sensação. Diz a lenda urbana que o tráfego ficou lento, e a frequência de acidentes automobilísticos aumentou nas áreas próximas aos outdoors. A causa foi atribuída a homens distraídos pela propaganda. Depois disso, foi requerido que todos os outdoors de grandes proporções fossem submetidos a uma licença de planejamento.

Simon Le Bon, do Duran Duran, e Amanda de Cadenet, atriz, na exposição de Herb Ritts na Hamiltons Gallery, em Londres. O Wonderbra serviu bem à tendência dos anos 1990 de mostrar a *underwear*.

# O CORTE "RACHEL"

## O penteado da década de 1990

## 1995

Durante a década de 1990, cabeleireiros do mundo inteiro tiveram de decifrar as descrições das clientes acerca do corte "Rachel". Nos salões de Sidney a São Francisco, os pedidos denotavam certa imprecisão e traziam mais ou menos estas características: "um pouco despenteado, com um pouco de volume, mas não cacheado; liso e meio na altura do ombro, ou talvez um pouco mais curto, ligeiramente em camadas; castanho, mas com luzes mais claras; com as pontas desalinhadas, algumas viradas para dentro, outras, para fora".

O resultado almejado era o penteado despojado em camadas, popularizado por Jennifer Aniston na primeira temporada de *Friends*, seriado norte-americano de sucesso, e nomeado em referência a sua personagem, Rachel Green. Ela usou esse corte nas duas primeiras temporadas do seriado — tempo suficiente para mulheres de todo o mundo sucumbirem a uma tendência de proporções epidêmicas que logo ficou conhecida simplesmente como o corte "Rachel".

Ao longo do século XX, várias estrelas ficaram intimamente associadas a seus cabelos. Houve o topete colmeia de Brigitte Bardot, as madeixas volumosas de Farrah Fawcett, o coque de Audrey Hepburn e o pixie de Twiggy. Às vezes, era até como se a personalidade estivesse ofuscada pelos cachos famosos. O caso de Aniston é bastante ilustrativo. Em uma entrevista à revista *Allure*, ela admitiu odiar o corte "Rachel" e confessou: "adoro o Chris [McMillan, seu cabeleireiro], [... mas] acho aquele o corte de cabelo mais feio que já vi".

Jennifer Aniston com o corte "Rachel" — um corte tão vinculado à década de 1990 quanto os cabelos volumosos de Farrah Fawcett na década de 1980.

# ALICIA SILVERSTONE EM *AS PATRICINHAS DE BEVERLY HILLS*

1995

## Fashionista adolescente

Para toda uma geração de adolescentes, Alicia Silverstone (1976-) definiu o estilo dos anos 1990. Ou melhor, não ela, mas sua personagem fashionista, Cher Horowitz, no clássico da década *As patricinhas de Beverly Hills* (1995). Já na primeira cena, a protagonista vivida por Silverstone causa furor: consulta seu guarda-roupa, organizado pelo computador, tentando encontrar o melhor *look* para ir à escola. Naquele momento, milhões de adolescentes desejaram ser como ela.

O público ficou imediatamente apaixonado por aquela *fashion victim* bobinha de Beverly Hills. Exceto Silverstone, veja só. Ao ler o roteiro da diretora e roteirista Amy Heckerling pela primeira vez, a jovem atriz ficou pasma. "Pensei: 'quem é essa garota?'. Eu não tinha nada em comum com ela. Achei-a uma megerinha materialista e irritante".

*As patricinhas de Beverly Hills* é lembrado não só pelas gírias em inglês ("going postal", algo como "dar chilique ", e "like, whatever", "tipo, sei lá"), mas também por seu estilo, que continuou influenciando tendências ao longo da década. O blazer *preppy* azul-marinho, o colete de tricô sobre a camisa de popelina e o conjunto de minissaia são alguns dos clássicos de Cher, assim como a camisa branca de algodão abotoada, a minissaia xadrez ou argyle, as meias brancas até o joelho e o sapato boneca prateado.

A personagem de Silverstone conquistou até o espectador de moda mais cínico quando, durante um assalto em um estacionamento, ela protestou que seu vestido era "de um estilista absolutamente importante... é um Alaïa!". Na série infindável de assaltos no mundo da moda, esse só se iguala ao esforço corajoso de Carrie em salvar seus sapatos Manolo Blahnik de um ladrão em *Sex and the city*.

*As patricinhas de Beverly Hills* será para sempre lembrado como um desfile extravagante de xadrez: supõe-se que tenham sido usados mais de cinquenta padrões diferentes no figurino do filme.

# LAURYN HILL

## Estilo de mulher real

1995

No início dos anos 1990, Lauryn Hill (1975-) construiu seu nome como atriz e vocalista do Fugees, grupo de hip-hop que com um cover (1995) de "Killing me softly", de Roberta Flack, fez parte da trilha sonora da década. Depois, em 1998, Hill lançou seu primeiro álbum solo, *The miseducation of Lauryn Hill*, e tornou-se a primeira mulher e o primeiro artista de hip-hop a ganhar cinco Grammys, recebendo os prêmios de melhor álbum do ano, melhor artista revelação, melhor performance feminina de R&B, melhor canção de R&B por "Doo wop (that thing)" e melhor álbum de R&B. Seu sucesso futuro parecia assegurado.

Hill era um talento inquestionável, e seu visual impecável também chamava muita atenção, por conta do estilo simultaneamente glamoroso e urbano; Hollywood e hip-hop em igual medida. Os penteados afro que costumava usar se destacaram e inspiraram toda uma geração de jovens negras. Em uma indústria em que o cabelo crespo "natural" tinha se tornado novamente raridade, sua preferência por *black power* armado e belos *dreadlocks* foi transformadora. A Columbia, gravadora de Hill, investiu pesado no seu álbum seguinte, mas a pressão de se submeter às engrenagens da mídia foi demais para a cantora. Certa ou errada, Hill interpretou as atitudes da Columbia como exploração e, por um tempo, desapareceu completamente da indústria. *The miseducation* ainda é seu único álbum de estúdio solo.

Lauryn Hill com outros integrantes do Fugees, em 1995. Sua beleza de Nefertiti e seu estilo articulado eram o contraponto perfeito para o universo hip-hop.

# JIL SANDER

## A nova mulher

1995

A estilista alemã Jil Sander (1943-) liderou a corrente minimalista na moda na década de 1990. Com preferência por uma paleta de cores em grande parte monocromática, ela se esmerou de maneira constante no aperfeiçoamento das construções, erradicando costuras e detalhes irrelevantes. Ao popularizar o casaco sem forro com linha do ombro suave, ela atendeu perfeitamente às expectativas do momento, uma vez que as mulheres buscavam um refúgio tranquilo dos excessos dos anos 1980. "No início, foi a falta de praticidade na moda que me fez criar uma linha própria", disse ela. "Achava muito mais interessante cortar roupas respeitando um corpo vivo e tridimensional do que cobri-lo com recursos decorativos".

Com camisa branca e terno preto, Sander vestia a mulher em contato com um novo tipo de poder. A mulher que chegava à maturidade na década de 1990 não era como as da década de 1980, que tentavam deixar sua marca aumentando os ombros com a ajuda de ombreiras. Ela também era muito diferente das mulheres de Rei Kawakubo, que desdenhavam da feminilidade à moda antiga. A mulher de Sander não tinha medo nem de usar um vestido nem de se vestir como um homem, desde que usasse tecidos finos. Detratores apelidaram o estilo de "lésbica chique".

A equipe que Sander reuniu em torno de si para criar a imagem que a firmou como "rainha do mínimo" foi essencial para seu sucesso. O diretor de arte Marc Ascoli projetou o visual dos desfiles e das imagens publicitárias, e Nick Knight foi destaque entre os fotógrafos de prestígio contratados por Sander e Ascoli.

Tatjana Patitz em um anúncio fotografado por Nick Knight, com direção de arte de Marc Ascoli, para a coleção primavera-verão 1992 de Jil Sander.

# GRACE CODDINGTON

1996

## A alma criativa da *Vogue* norte-americana

Depois da estreia do documentário *September issue** (2009), sobre os bastidores da produção da edição de setembro da *Vogue* norte-americana, Grace Coddington (1941-), diretora criativa da versão norte-americana da revista, adquiriu status de estrela inesperada para o público em geral. Embora fosse havia muito uma figura de destaque na indústria, ela era relativamente desconhecida fora dos círculos da moda. No entanto, ela e Anna Wintour (pp. 106-7) merecem igual crédito pela relevância cultural da *Vogue* norte-americana. Como diretora criativa, é da perspectiva dela que florescem a magia e a alma da revista.

Depois de se aposentar da vida de modelo na década de 1960, Coddington aceitou um emprego na *Vogue* britânica, ambiente que ela lembra como muito mais amador e casual do que o da norte--americana: "A solução para a maioria dos problemas era 'huum, vamos tomar um chá'". Ela subiu de cargo rapidamente e se tornou editora de fotografia, mas logo depois mudou-se para Nova York na década de 1980, primeiro para trabalhar com Calvin Klein, e, em seguida, reencontrou a antiga colega Wintour na *Vogue*. Na revista, ela criou alguns dos editoriais mais famosos da década de 1990, tendo como marca registrada a atenção surpreendente ao detalhe. "Tudo deve ficar perfeito. Você não pode só disfarçar. [ ... ] Para fazer as coisas direito é preciso um trabalho enorme. [ ... ] A vida é difícil. É preciso trabalhar duro de verdade, por muitas horas."

É fácil ver Wintour e Coddington como coração e cérebro da *Vogue* norte-americana. Ao longo dos anos, elas estabeleceram uma espécie de relação yin-yang. Coddington se veste com muito preto, em peças minimalistas; Wintour usa peles e diamantes. Wintour apimenta a revista com famosos; Coddington tende a desprezar os atores de Hollywood e seus agentes. Ambas defendem com unhas e dentes os estilistas de que gostam. Os favoritos de Coddington incluem Marc Jacobs (pp. 46-7), Miuccia Prada (pp. 52-3), John Galliano (pp. 86-7) e Helmut Lang (pp. 84-5), e todos ganharam destaque na década de 1990.

Grace Coddington — até bem recentemente, heroína anônima da *Vogue* norte-americana.

* A edição de setembro (September issue) da *Vogue*, todos os anos, é considerada aquela que reúne o maior número de tendências, ensaios de peso e diretrizes para a próxima estação.

4

# MARIO TESTINO

## O poder por trás das grandes marcas

1996

A grande chance da carreira de Mario Testino (1954-) veio em 1995 pelas mãos de Madonna. A cantora deveria participar de uma campanha publicitária para a Versace que seria fotografada por Richard Avedon. Em vez disso, depois de reparar no trabalho do então desconhecido Mario Testino em uma revista, ela pediu ao amigo Gianni Versace (pp. 80-1) que o convidasse para fazer a sessão. Quando as fotos saíram, Versace decidiu dar crédito de atração principal ao fotógrafo. No entanto, foi ao trabalhar com Carine Roitfeld, então consultora de Tom Ford (pp. 76-7) na Gucci, que Testino virou mesmo uma estrela.

Juntos, eles lançariam uma campanha com sensualidade tão latente que definiria o visual do fim do milênio. Com suas imagens para a Gucci, Testino pôs um fim no niilismo da estética *heroin chic*. Antes de Roitfeld, o fotógrafo (que se mudara de Lima para Londres na década de 1970) era um anglófilo entusiasmado, cujo trabalho tinha influências no charme e na formalidade de Cecil Beaton e Norman Parkinson. Com Roitfeld, seu estilo ganhou glamour e modernidade para criar imagens publicitárias brilhantes e sedutoras que contribuíram para tornar a Gucci uma supermarca global.

O ponto alto da carreira de Testino aconteceu quando ele foi escolhido pela princesa Diana para uma sessão de fotos para a *Vanity Fair* em 1997, que acabou sendo a última dela. As imagens foram as mais íntimas já feitas de Diana, mostrando-lhe da maneira mais informal e — ironia premonitória — mais vulnerável.

A perspectiva visual poderosa de Mario Testino ajudou a definir a nova era das supermarcas globais.

# TOM FORD NA GUCCI

## Reviravolta no luxo

1996

Em meados da década de 1980, a Gucci, ícone do luxo italiano nos anos 1960 e 1970, começou a atravessar uma crise que abalou sua glória do passado e quase a levou à decadência. Em 1990, a a diretora de criação, Dawn Mello, apostou no jovem estilista Tom Ford (1961-) e o colocou como responsável pelo *prêt-à-porter* feminino da casa. A casa estava em uma situação tão lamentável que parecia prestes a falir a qualquer momento, e, segundo Mello, Ford era praticamente o único candidato ao cargo.

Ford chegou a começar a cursar história da arte na Universidade de Nova York. Sua carreira universitária, no entanto, terminou de forma abrupta após um ano, eclipsada pelas distrações do Studio 54 e da Factory, de Andy Warhol, estilo de vida que ele financiava trabalhando como modelo e ator. Em seguida, matriculou-se na Parsons para estudar design de interiores, para então finalmente se transferir para a área de moda. Ao fim da década de 1980, ele já trabalhava com Marc Jacobs (pp. 46-7), que era então estilista responsável pela Perry Ellis.

O convite de Dawn Mello em Milão foi a grande chance de Ford. Em 1994, após a saída de Mello, Ford foi promovido a diretor de criação. Foi nesse momento que todos aqueles anos passados na farra, posando e observando pessoas em Nova York, finalmente resultaram em alguma coisa. A Gucci de Ford resgatava o glamour dos anos de discoteca: calças de veludo delineando o quadril, camisas de cetim justas e botas de couro superbrilhantes, ou vestidos de jérsei sinuosos, jaquetas com lapela chanfrada de paletó e botas *cuissardes* [na altura da coxa]. O espírito de Halston e Giorgio di Sant'Angelo ecoou na clientela que retornava seu olhar à casa, ávida pela nova sensualidade da Gucci.

Para reelaborar a história da Gucci, Ford contou com a ajuda da stylist Carine Roitfeld e do fotógrafo Mario Testino (pp. 74-5). Juntos, criaram campanhas publicitárias internacionais que refletiam o poder recém-descoberto da moda da Gucci e que, muitas vezes, com apelo sensual ousado, beirou grandes polêmicas.

Tom Ford é creditado por transformar a italiana Gucci em uma supermarca global, criando roupas ao mesmo tempo sensuais e com elegância sofisticada.

# TOMMY HILFIGER

## A nova expressão da moda norte-americana

1996

Em meados da década de 1980, Tommy Hilfiger (1951-) empreendeu uma ofensiva de relações públicas na indústria da moda. Ele não tinha nenhum feito importante na área do qual se vangloriar, mas, em 1985, um outdoor enorme apareceu na Times Square, em Nova York, referindo-se a Tommy Hilfiger como um grande estilista de moda masculina norte-americana. Rotulado como grande impostor na época, ele foi comparado pela indústria aos Monkees, banda pop pré-fabricada da década de 1960 que imitava os Beatles.

Ralph Lauren era o modelo inspirador da Hilfiger, e o recém-chegado seguia cada passo do estilista. Lauren tinha conquistado o mercado com a estética da elite branca, protestante e bem-nascida, enquanto Calvin Klein evocava erotismo. Hilfiger vislumbrou um nicho no conto de fadas da classe média. Seus anúncios exibiam grupos de modelos jovens em churrascos do feriado de 4 de julho, jogos de futebol e desfiles cívicos. O estilista se reinventou, ao mesmo tempo, como celebridade da moda. Hilfiger botou o pé na estrada, fazendo aparições sucessivas em suas lojas, posando para fotos e dando autógrafos. Suas "turnês" regionais eram a oportunidade perfeita para checar o que a juventude descolada estava usando no país inteiro. Ao voltar para Nova York, Hilfiger fazia sua equipe de estilistas se certificar de que esses prováveis consumidores seriam atendidos.

Hilfiger teve a seu favor o conhecimento do que se usava nas ruas, além de um toque de senso comum e o *timing* certo. Com a chegada da era da informação, os Estados Unidos adotaram um estilo de vida baseado em roupas casuais, e Hilfiger estava pronto para aproveitar essa predileção. Ele foi o primeiro a estampar seu nome em camisas e casacos de rugby, conquistando um lugar ao lado da Puma, da Adidas e da Gucci no guarda-roupa dos rappers. Compreendeu o poder da cultura hip-hop, uma tribo com a qual a indústria da moda não conseguia, ou não queria, se relacionar.

Hilfiger pode ter começado como imitação de Ralph Lauren, mas na década de 1990 ele já fazia algo próprio: uma mistura de *preppy* e urbano. Em 1996, o Council of Fashion Designers o elegeu, de fato, o melhor estilista de moda masculina.

Tommy Hilfiger construiu um visual bem norte-americano, caminhando pela linha tênue entre o *preppy* e o urbano, o descolado e o *kitsch*. Aqui, Kate Moss desfila para Hilfiger, em 1997.

# GIANNI VERSACE

## Visão além da passarela

1996

Gianni Versace (1946-1997) redefiniu os códigos da elegância na década de 1990, embora sempre tendendo ao excesso. Suas coleções endeusavam a forma humana, envolvendo-a em uma profusão de cores, estampas, bordados e enfeites. O estilista deslumbrava a todos pela coragem a cada nova coleção, mas também conquistou respeito pelo domínio do seu ofício. As belíssimas estampas de seda feitas por artesãos de Como, os bordados de Paris e a alfaiataria e a construção impecáveis da sua equipe em Milão podiam não agradar a todos, mas é inegável que suas roupas eram sempre um primor de execução.

Versace estava atento a todos os aspectos de uma indústria que passava por uma rápida globalização. Ele reconheceu rapidamente o poder da marca e a colocou não só em roupas, mas em perfumes, cosméticos, relógios e artigos de decoração. O italiano também era um queridinho da mídia — sua disponibilidade só rivalizava com a de outro grande comunicador, Karl Lagerfeld. Além disso, ele foi pioneiro no uso da internet para complementar a mídia tradicional na cobertura dos desfiles em Nova York, Paris, Milão e Londres. Era tudo uma questão de comunicação global.

Celebridades também eram fundamentais, e Versace conviveu com muitas delas, entre as quais Sylvester Stallone, Tina Turner e Elizabeth Hurley. Mas também teve contato com pessoas de reputação mais duvidosa, alardeando que o rapper Tupac Shakur vestia Versace tanto no dia em que fora preso quanto no dia em que foi solto. Fashionistas adoravam ironizar que as esposas dos homens ricos usavam Armani, mas suas amantes preferiam Versace.

Versace, bem relacionado com a mídia, sabia como montar um espetáculo: contratava os melhores fotógrafos e batalhões de supermodelos. Na foto, rodeado por Naomi Campbell e Linda Evangelista.

# JFK JR. E CAROLYN BESSETTE 1996

## O casal mais lindo do mundo

Em 1989, Carolyn Bessette (1966-1999) passou a integrar o departamento de relações públicas da Calvin Klein (pp. 34-5), onde atendia às solicitações dos jornalistas e ajudava a vestir pessoas como a socialite Blaine Trump e a apresentadora de telejornal Diane Sawyer. Foi Kelly Klein, mulher de Calvin, quem a apresentou ao advogado socialite John F. Kennedy Jr. (1960-1999).

Bessette era a personificação da beleza moderna. Embora JFK Jr. já tivesse namorado Sarah Jessica Parker, Daryl Hannah e até Madonna (mesmo que por pouco tempo), era Bessette o alvo de comentários do tipo "Jackie teria aprovado". Seu estilo era atemporal. Ela usava, com discrição,sua bolsa Birkin da Hermès muito antes de Victoria Beckham acumular sua coleção de milhões de dólares. Seu guarda-roupa refletia o gosto de quem entendia a indústria da moda: Yohji Yamamoto, Prada, Manolo Blahnik, Miu Miu e, claro, Calvin Klein eram as marcas principais. Bessette vestia preto com frequência, cor preferida dos fashionistas de Nova York.

Raramente era vista sem batom vermelho intenso; na pele, por outro lado, nada de maquiagem pesada. O cabelo loiro e comprido, alternava entre preso atrás e solto. Com uma postura um tanto retraída em público, invariavelmente interpretada como "fazendo tipo", Bessette era com frequência procurada por editores de revistas e jornais para sessões de fotos e entrevistas.

Carolyn e JFK Jr.se casaram em uma cerimônia secreta em Cumberland Island, Geórgia, em setembro de 1996, em uma igrejinha de madeira. Para seu vestido de noiva, Bessette recorreu ao antigo colega e amigo dos tempos de Calvin Klein, Narciso Rodriguez.

O casamento de John F. Kennedy Jr. e Carolyn Bessette parecia quase uma nova versão do casal John Kennedy-Jacqueline Bouvier dos anos 1960. Os dois morreram tragicamente em um acidente de avião em 1999.

# HELMUT LANG

Menos é mais

1997

O fundador do minimalismo na moda da década de 1990 foi Helmut Lang (1956-). As influências do estilista austríaco iam da arquitetura modernista ao expressionismo alemão, além da cidade de Viena, onde, aos 23 anos, iniciou seu trabalho. Lang, que estudou administração e era autodidata na moda, começou fazendo roupas sob medida em um pequeno estúdio, mas logo se mudou para Paris, após apresentar seu trabalho como parte de uma exposição no Centre Pompidou. Em 1997, ele mudaria de endereço novamente, desta vez para Nova York.

Pela alta verve intelectual de seu trabalho, Lang foi muitas vezes comparado a Rei Kawakubo e Yohji Yamamoto, embora suas peças sejam mais fáceis de usar do que as desses estilistas japoneses inovadores. Lang obteve enorme sucesso comercial, especialmente durante sua fase em Nova York. Com suas criações, reescreveu os códigos não só do guarda-roupa moderno feminino, como também do masculino. O fotógrafo Elfie Semotan, um dos amigos mais próximos do estilista e seu colaborador frequente, disse sobre ele: "Lang ensinou os homens a ter um visual descolado e elegante sem parecer ter pensado demais sobre a roupa". Enquanto isso, o austríaco também estabeleceu laços entre a moda e o mundo da arte, colaborando com artistas como Jenny Holzer e Louise Bourgeois, e usava imagens artísticas com frequência em suas campanhas publicitárias.

Na abertura de uma retrospectiva no museu de moda de Bath, a curadora Rosemary Harden escreveu: "Helmut Lang é a antítese da roupa de celebridade no tapete vermelho dos últimos dez anos. [...] Ele tem uma estética muito específica e apurada; nada de babados, laços e rufos". Lang é, para muitos, o último dos grandes costureiros. Com vestidos brancos chiques e terninhos elegantes, seus projetos meticulosos são a síntese perfeita do "mantra" da década de 1990 — menos é mais.

Simples e funcionais: Helmut Lang injetou uma boa dose de influência modernista inspirada na Bauhaus.

# JOHN GALLIANO NA DIOR

1997

## Ou como revitalizar uma instituição da moda

O começo da década mostrou-se vago e inconstante para a estrela mais brilhante da moda londrina. John Galliano (1960-) tinha uma reputação enorme, que só era igualada em tamanho a suas dívidas. Faycal Amor, seu financiador mais recente, tinha pulado fora, e, à deriva em Paris — assim conta a lenda da moda —, Galliano sobrevivia à base de feijão preparado em um fogareiro portátil e mendigando com os amigos um lugar para dormir.

Entra em cena Anna Wintour (pp. 106-7) em uma armadura Chanel brilhante e montada em seus Manolos, se quisermos transformar a história de Galliano em um conto de fadas fashionista. Em 1993, ela o apresentou a Sao Schlumberger, uma socialite riquíssima e com um guarda-roupa de alta-costura à altura. Em 1994, no *hôtel particulier* [um palacete urbano] vazio de Schlumberger, ao lado do Jardin de Luxembourg, em Paris, Galliano exibiu uma pequena coleção com dezessete *looks*, todos feitos com o mesmo tecido preto, único material que ele podia pagar. O convite era uma chave enferrujada com uma etiqueta manuscrita. Modelos como Kate Moss, Linda Evangelista e Christy Turlington desfilaram de graça como um favor para o velho amigo. Foi um grande momento para a moda. Mais uma vez, imprensa, compradores de lojas e mulheres elegantes rumaram em direção ao estúdio de Galliano, localizado em uma área na época ainda bastante degradada, na Bastilha.

O desfile mudou a sorte de Galliano. Em 1995, a LVMH o nomeou estilista-chefe da Givenchy e, logo em seguida, dois anos depois, da Christian Dior — o grande prêmio. Sua coleção de estreia de alta-costura, apresentada em janeiro de 1997 no Grand Hôtel, foi teatral e reverente. O salão de festas foi transformado em um salão da Dior, com 800 m do tecido cinza símbolo da casa e 4 mil rosas. Os primeiros dezessete *looks* tinham títulos que eram variações do nome do fundador, como Diorbella, Diorla, mas não era uma simples homenagem. Ao lado dos símbolos da Dior, como o padrão em *pied-de-poule* e a renda branca, havia vestidos de noite com silhuetas sinuosas dignas de uma pintura de Boldini, bordados orientais e acessórios extravagantes, como os colares da tribo africana dos Masai. Era Dior, reinventado.

*Encore Dior*... a reinvenção da Dior por Galliano juntava silhuetas reveladoras com um lindo *jeux d'esprit* orientalista. Este vestido topless transparente da coleção outono-inverno 1997 levava o estilo ao limite.

# KRISTEN McMENAMY

## Uma modelo de atitude

1997

Na década de 1990, ocorreu uma mudança na moda, para longe do glamour que fora obsessão da década de 1980 e em direção a um tipo de beleza menos convencional. Kristen McMenamy (1966-) encabeçou essa nova tendência, capaz de se transformar, com aparente facilidade, em um tipo de *jolie laide* [algo como um feio-bonito, uma beleza fora de padrão], em ícone antifashion e, sem dúvida, em beldade impressionante. Tudo isso, somado à personalidade poderosa e à tenacidade na busca da "imagem perfeita", fez dela uma das profissionais da moda mais fascinantes da década.

A grande chance de McMenamy veio em 1990, quando ela fez uma das campanhas publicitárias de moda mais prestigiadas da época, com a estilista alemã Jil Sander. Poucas temporadas depois, a modelo também foi escolhida para ser o rosto de grifes como Prada, Moschino, Chanel, Armani e Versace. Em 1992, outro ano transformador, ela foi destaque, ao lado de Naomi Campbell e Nadja Auermann, em um editorial de moda fotografado por Steven Meisel (pp. 14-5) para a *Vogue* norte-americana. "Grunge and glory" celebrava a subcultura que tinha se tornado a tendência mais recente da moda e marcou uma mudança no estado de espírito da década. Depois desse trabalho, a ascensão de McMenamy ao panteão das supermodelos estava garantida.

O visual surpreendente e andrógino de McMenamy representava uma mudança de direção para longe do glamour insípido da década de 1980, voltando--se à idiossincrasia e ao individualismo. "Represento o indivíduo", disse a modelo. "Represento ser feliz com o que se é".

# SPICE GIRLS

*Girl power* mundial

1997

No verão de 1996, as Spice Girls lançaram seu *single* de estreia no Reino Unido, "Wannabe", e o jornalista Paul Gorman escreveu: "bem quando rapazes e suas guitarras ameaçam dominar a existência pop, um grupo só de garotas chega com bastante atrevimento para estourar esse clube do Bolinha". A canção ficou em primeiro lugar por sete semanas e tornou-se o *single* de um grupo feminino mais vendido de todos os tempos. Em outubro de 1996, elas eram as estrelas da vez no British Fashion Awards.

No centro do sucesso do grupo estavam o apelo comercial de sua imagem e a disposição para explorá-la em uma era cada vez mais influenciada pela mídia — ou seja, muitos licenciamentos de produtos com a marca do grupo. As Spice Girls também viraram ícones da moda dos anos 1990. Victoria Adams — ou Posh Spice, como era conhecida, hoje a senhora Beckham — era a morena de cabelo chanel que adorava grifes. Melanie Brown, a Scary Spice, demonstrava orgulho por seus cachos e influências étnicas no estilo. Melanie Chisholm, a Sporty, abusava de *looks* confortáveis, com apelo esportivo. Emma Bunton, Baby, era a meiga e delicada, e Geri Halliwell — chamada de Ginger Spice pela "vivacidade, entusiasmo e cabelo ruivo flamejante" — ficou famosa por suas roupas de palco chamativas. Seu vestido com a bandeira do Reino Unido foi um dos mais copiados da década.

O *girl power*, "movimento" antes restrito ao circuito *underground* de bandas punk femininas, diluído pelo pop das Spice Girls, tomou o mundo de assalto. Era um modo de afirmar às garotas que elas podiam ser e fazer o que quisessem. Um segundo álbum de sucesso absurdo, *Spiceworld* (1997), continuou a onda, e, quando o *single* "Spice up your life" foi lançado, praticamente nenhuma TV ou outdoor no planeta escapou dele: era um fenômeno que elas mesmas parodiavam no clipe da canção, que mostrava a banda voando em uma nave espacial em um "universo" de anúncios explorando a imagem de cada uma das integrantes. A indústria da moda estava alerta para a tendência crescente, e logo a rua estava repleta de sapatos plataforma, minivestidos e estampas de oncinha.

Posh, Baby, Scary, Ginger e Sporty: embora elas não simbolizem todo o universo feminino dos anos 1990, as Spice Girls fizeram mais do que participar da cultura dos anos 1990, elas a "fabricaram". Popularizaram no mundo inteiro a ideia de *girl power*, inspirando confiança crescente em uma geração inteira de garotas.

1997
RALPH LAUREN

# COOL BRITANNIA

## O estilo britânico em voga mais uma vez

1997

"Cool Britannia" foi o termo usado para sintetizar a onda de orgulho nacional na cultura do Reino Unido, que garantiu enorme influência global para o país no final dos anos 1990. O governo trabalhista de Tony Blair chegou ao poder em 1997 com uma plataforma de modernização, e o jingle da eleição encorajava o eleitorado a acreditar que "as coisas só podem melhorar".

Desde 1994, a loteria nacional britânica financiava as artes. Os jovens artistas transformaram Londres em um lugar vibrante para a arte e o design: alguns galeristas e colecionadores londrinos, como Jay Jopling e Charles Saatchi, estavam mais famosos que seus artistas, e a maioria dos artistas eram mais famosos do que sua arte. O lançamento de revistas como *Loaded* e *Dazed & Confused* e a excelência de britânicos fora do país, como Anna Wintour e Liz Tilberis, em Nova York, faziam de Londres, mais uma vez, o foco da atenção de quem buscava tendências globais. Na música, o brit pop, capitaneado por bandas como Oasis, Blur e Suede, mesmo sendo um movimento de música alternativa alcançou o grande público fora da Europa. No campo do pop, as Spice Girls (pp. 90-1) foram o grupo feminino de maior sucesso de todos os tempos.

No mundo da moda, a Central Saint Martins era um centro de excelência reconhecido mundialmente na formação de novos estilistas. A London Fashion Week contava com uma onda de novos talentos, e naqueles dias inebriantes até mesmo as nobres marcas parisienses não estavam imunes ao apelo dos prodígios britânicos. O conglomerado de luxo LVMH instalou John Galliano (pp. 86-7) e Alexander McQueen (pp. 100-1), graduados pela Saint Martins, nas casas de alta-costura de Christian Dior e Givenchy, respectivamente. Ralph Lauren, Louis Vuitton, Gucci, Calvin Klein (pp. 34-5), Donna Karan e Tommy Hilfiger (pp. 78-9), todos brigaram para abrir lojas na Bond Street, em Londres.

Infelizmente, o termo Cool Britannia sofreria um golpe quase fatal quando, em 1998, a revista *The Economist* foi uma das muitas publicações de respeito a observar que "muita gente já estava enfastiada dessa expressão". Em 2000, o mundo inconstante da moda já era outro, e o termo estava sendo usado principalmente de modo zombeteiro ou irônico.

Meg Matthews e Noel Gallagher posam do lado de fora do número 10 da Downing Street, durante a famosa festa do primeiro-ministro Tony Blair. Argumenta-se que o "renascimento" pop do Reino Unido na década de 1990 foi, ao menos em parte, uma criação midiática.

# CHAPELEIROS INGLESES

## Fazendo a cabeça

1998

Os anos 1980 e 1990 presenciaram a ascensão meteórica dos chapeleiros ingleses. Entre a época em que nenhuma dama educada ousaria sair de casa com a cabeça descoberta até os anos 1970, quando um chapéu estava à margem do mundo dominado pelo jeans, chapéus perseveraram nos bastidores do estilo convencional. O desfile de excêntricos urbanos na década de 1980 mudou tudo. Ao fim da década de 1990, a Grã-Bretanha liderava na chapelaria de moda, e os dois homens por trás do seu ressurgimento eram Stephen Jones (1957-) e Philip Treacy (1967-).

Jones tornou-se conhecido no ramo por conta dos chapéus que criou para Boy George quando ambos eram *habitués* do clube Blitz. Passou a trabalhar para Jean Paul Gaultier e Vivienne Westwood (com quem ele criou a famosa coroa de Harris Tweed em 1987) e, desde 1993, faz parte da equipe de John Galliano.

Treacy se formou no Royal College of Art em 1990 e, sob o incentivo de Isabella Blow (pp. 104-5), montou um ateliê no porão da casa dela, no bairro de Belgravia. A carreira de Treacy nunca esteve em outro lugar que não no topo: começou colaborando com Karl Lagerfeld na Chanel e depois também com Versace, Valentino e Ralph Lauren. Em 2000, tornou-se o primeiro chapeleiro com desfile próprio durante a Semana de Moda de Paris.

Embora os chapéus tenham sido sempre uma opção para estilistas quando precisam de algo impactante, a maior conquista dos chapeleiros ingleses reside no fato de terem reintroduzido esse acessório no guarda-roupa das mulheres comuns. Pode-se perguntar se, mesmo com um enorme talento, Jones e Treacy poderiam ter conquistado tanto em outro lugar que não Londres. O trabalho deles sempre foi o complemento perfeito para o estilo britânico não convencional. Como disse Jones: "chapéu é um toque britânico que as pessoas adoram usar".

*Acima:* o chapeleiro Philip Treacy prepara a cantora Grace Jones para uma sessão de fotos. *Abaixo:* um clique da sessão Treacy--Jones. Na década de 1990, os chapéus recuperaram o papel de protagonistas na moda, dando um toque final dramático e espetacular.

# OS SEIS DE ANTUÉRPIA

1998

## Uma nova visão de mundo

Depois dos japoneses, a onda seguinte de novatos que mudaria completamente o cenário da moda veio da Bélgica. Eles se instalaram primeiro em Londres, em 1986, escolhendo desfilar na semana de moda local como "Antwerp Six" [Os seis de Antuérpia]. Colegas graduados na Academia de Belas-Artes da Antuérpia, todos tinham começado a trabalhar no país natal, mas lutavam por reconhecimento além das fronteiras. Impulsionados por subsídios do governo belga, Dries van Noten (1958-), Ann Demeulemeester (1959-), Dirk Bikkembergs (1959-), Walter van Beirendonck (1957-), Dirk van Saene (1959-) e Marina Yee (1958-) partiram para conquistar a Europa.

No início da década de 1990, todos tinham se mudado para Paris e estavam entre os nomes mais quentes na agenda da Chambre Syndicale. Crítica e público ficaram fascinados pela visão inovadora de luxo que eles propunham, que se distinguia por uma combinação poderosa de austeridade, funcionalidade e perfeccionismo. A perspectiva dos belgas levava a desconstrução japonesa ao seu passo natural seguinte, quebrando elementos tradicionais de uma peça de roupa para criar novas silhuetas. "Estávamos prontos para mudar o mundo", lembra-se Ann Demeulemeester. "As pessoas já não escolhiam roupas como um disfarce. Escolhiam-nas para expressar algo. Essa é a diferença entre os anos 1980 e os 1990. Vestir-se não era mais só para impressionar os outros, mas para se sentir bem consigo mesmo".

Aos seis de Antuérpia originais, juntaram-se ao longo da década Haider Ackermann, Veronique Branquinho, Raf Simons e Olivier Theyskens. Eles se mostraram aptos a desenvolver suas próprias marcas e torná-las comerciais sem comprometer sua dinâmica criativa. "Eu já pensava que havia roupa demais no mundo e não teria nada a adicionar", ponderou Demeulemeester. "Só poderia acrescentar algo que ainda não tivesse sido feito."

A elegância descolada e desconstruída de Dries van Noten: *prêt-à-porter*, primavera-verão de 1998, em Paris. A trupe de estilistas belgas conseguia casar ambição intelectual com vendas.

# HUSSEIN CHALAYAN

## A moda como arte conceitual

1998

Foto da coleção Geotropics, primavera-verão 1999. Neste vestido, que inclui uma cadeira, Hussein Chalayan evoca um de seus temas mais duradouros — a condição do imigrante, em trânsito permanente entre culturas e nações.

Filho único de pais turco-cipriotas, Hussein Chalayan (1970-) nasceu em Nicósia, na ilha de Chipre, e viveu entre sua terra natal e Londres. "Quando eu era criança, ia de Chipre, um lugar mais desolado, uma cultura que viu duas guerras, para Londres, onde, de repente, havia tudo, e depois retornava", conta ele. "Isso me permitiu processar qualquer informação, contemplar as coisas e desenvolver quaisquer ideias entre elas".

Quando se formou na Central Saint Martins, em 1993, a atenção do mundo estava na cena criativa londrina, embora não tivesse ainda chegado na moda. O *hype* se concentrava no brit pop e na arte local. Chalayan e Alexander McQueen (pp. 100-1), que tinham se formado na Saint Martins um ano antes, tiveram de batalhar por reconhecimento. Olhando em retrospectiva, os dois tinham uma coisa importante em comum: o desejo de criar um universo além das convenções da passarela.

Uma peça da coleção de graduação de Chalayan resume a estética desse que é o mais conceitual de todos os estilistas — um vestido simples, que ele tinha polvilhado com limalha de ferro e enterrado no jardim de um amigo, deixando-o apodrecer até chegar ao seu estado final, elegantemente deteriorado. No contexto convencional de "desenhar, cortar, costurar e mostrar" da indústria da moda, seus processos criativos singulares explicam seu status como um dos *outsiders* mais intrigantes do mercado. Orgânica e técnica, científica e arqueológica, a maneira de trabalhar de Chalayan não só o define, mas também o coloca em outro patamar.

A originalidade avassaladora de Chalayan o torna o pós-modernista mais autêntico da moda. Reexaminando constantemente as técnicas e as formas aceitas, sua abordagem é de natureza muitas vezes política e inspirada por diversos assuntos, tais como ciência, escultura, tecnologia e arquitetura. Ele é ao mesmo tempo simples e orgânico e altamente técnico — um paradoxo evidente, por exemplo, no vestido de fibra de vidro que imitava a mecânica das asas de um avião ou na saia-mesa da famosa coleção Afterwords (2000).

# ALEXANDER McQUEEN

1999

## Gênio da moda britânica

Em 1992, Lee Alexander McQueen (1969-2010) formou-se na escola Central Saint Martins em Londres com uma coleção cujo título provocativo era Jack the Riper stalks his victims [Jack, o Estripador, persegue suas vítimas]. McQueen foi, desde o início, um estilista com um ponto de vista original e coerente, sempre presente em detalhes que foram se estabelecendo como sua assinatura ao longo da carreira: o fascínio marcante pelo estilo gótico vitoriano, a paixão pela narrativa e a propensão pela silhueta feita sob medida.

Na plateia do seu desfile de graduação estava a *stylist* Isabella Blow (pp. 104-5), a qual, diz a lenda, comprou todas as peças que ele tinha e o adotou como protegido. Nos quatro anos que se seguiram à graduação, McQueen reuniu a equipe que permaneceria seu círculo de confiança até seu suicídio em 2010. Em 1994, Katy England tornou-se diretora de criação; em 1996, Sarah Burton encabeçou a equipe de estilismo; e, nesse mesmo ano, Sam Gainsbury se juntou ao grupo como produtor dos desfiles.

Naquela época, Gainsbury estaria com sorte se conseguisse £ 600 no orçamento — o último projeto deles juntos custou seis dígitos. Independentemente da verba disponível, no entanto, os desfiles de McQueen sempre foram produzidos em uma escala pródiga e teatral, almejando tanto admiração quanto choque. Em 1998, a modelo Aimee Mullins, cujas pernas haviam sido amputadas, tomou o centro do palco, desfilando com pernas de madeira esculpida. Mais tarde naquele ano, Shalom Harlow encerrou o desfile com um vestido branco tomara que caia, girando lentamente em uma plataforma em uma dança hipnótica, enquanto dois braços robóticos gigantes a pulverizavam com tinta.

Em 1996, depois de apenas oito temporadas exibindo sua marca própria, McQueen entrou para a Givenchy, substituindo John Galliano (pp. 86-7). Aquela foi sempre uma relação estranha, e ele permaneceu na *maison* francesa por apenas cinco anos, quando o contrato que ele dizia "constranger sua criatividade" chegou ao fim. De lá, ele fez uma parceria com o Grupo Gucci — tacada que permitiu tornar sua marca uma empresa global.

O desfile The Overlook de McQueen para a Givenchy, outono-inverno 1999/2000, foi inspirado na obra-prima de Stanley Kubrick *O iluminado* (1980). A passarela virou uma espécie de mundo paralelo, com tempestade de neve e árvores desfolhadas, por onde as modelos patinavam no gelo usando peles luxuosas, casacos até o pé e vestidos elaborados que as faziam parecer cisnes.

# GWYNETH PALTROW

1999

## A nova loira glacial

Paltrow no Oscar de 1999. Seu discurso ficou tão famoso pelas lágrimas como pelo vestido Ralph Lauren cor-de-rosa algodão-doce.

Depois de ambos estrelarem *Se7en* (1995), Gwyneth Paltrow (1972-) e Brad Pitt se tornaram o casal mais bonito de Hollywood. Era inconcebível que, depois disso, ela passasse despercebida. Junte algumas performances na tela dignas de prêmio — como *Emma* (1996), *De caso com o acaso* (1998) e *Um crime perfeito* (1998) —, e Paltrow angariou sua própria legião de fãs, conquistados pelo seu talento e estilo. O auge da década para ela foi o Oscar de melhor atriz pela atuação em *Shakespeare apaixonado* (1998).

Para receber o prêmio, ela usou um vestido rosa Ralph Lauren. A indumentária dividiu os críticos. A *Vogue* pode ter censurado o "vestido de formatura de tafetá rosinha enjoativo da Ralph Lauren com diamantes Harry Winston", e até Blythe Danner, a própria mãe da estrela, admitiu que "não caía muito bem". No entanto, Paltrow ainda conseguiu tornar o rosa-claro uma tendência — seguiu-se um exército de vestidos de princesa no mesmo tom.

Paltrow não é uma referência na moda, como ela mesma admite. Uma de suas maiores influências nesse território, o que ela confessou para a *Vogue*, era o uniforme de sua escola de elite na região do Upper East Side, em Nova York: "era preciso usar esta roupa muito elegante e limpa todos os dias — a camisa branca e a saia cinza pregueada, além de delineador preto ou outra maquiagem. É um visual ótimo". No entanto, estilistas adotaram, entusiasmados, a atriz. Seu estilo bem norte-americano era a base perfeita — seja para as roupas aristocráticas de corte limpo de Ralph Lauren ou para a perspectiva de perfeição minimalista da Calvin Klein.

Esguia e loura, as comparações de Paltrow com Grace Kelly eram quase inevitáveis, especialmente após a atuação de Paltrow em *Um crime perfeito*, *remake* do filme de Hitchcock com Kelly, *Disque M para matar*. Sua presença distinta em *O talentoso Ripley* (1999) garantiu sua posição como herdeira da atriz-princesa no quesito estilo. A própria Gwyneth Paltrow nunca admitiu ter pretensões ao posto, resumindo o estilo que atraiu milhões de leitores de revista como *preppy*, simplesmente.

# ISABELLA BLOW

1999

## Incansável caçadora de tendências

Isabella Blow (1958-2007) desempenhou o papel mais mal definido e pouco apreciado no âmbito da criação em moda — o de musa. Seu guarda-roupa extraordinário fascinava fashionistas em todo o mundo. Ela era fotografada onde estivesse, cortejada igualmente pelos fotógrafos de rua e pelos mais importantes do mercado. Para muitos, era a síntese da excentricidade inglesa. Blow era editora de moda (trabalhou na *Tatler* e no *Sunday Times*) e também atuava como consultora criativa para empresas, como a Swarovski, cujos orçamentos estavam à altura de suas despesas.

Mais que tudo, porém, Blow descobriu e apoiou jovens talentos da moda. Em torno da *stylist*, formou-se uma família de *outsiders*, todos absolutamente talentosos. Muitos deles tiveram sua primeira oportunidade graças a ela, e alguns lhe devem toda uma carreira. Entre esses, estavam o chapeleiro Philip Treacy (pp. 94-5) e o estilista Alexander McQueen (pp. 100-1). Blow também trabalhou com Julien Macdonald e Hussein Chalayan (pp. 98-9). Ajudou a impulsionar a carreira incipiente de fotógrafos como Juergen Teller, Alastair Thain e Sean Ellis, e de modelos como Sophie Dahl, Stella Tennant e Honor Fraser.

A imagem provocativa de Blow tanto protegia como escondia a personalidade frágil. Certa vez, ela admitiu: "se estou me sentindo muito mal, vou até Philip [Treacy], cubro meu rosto e me sinto fantástica". Em sua biografia, o marido de Blow por dezoito anos, Detmar, escreveu como as roupas eram uma "armadura" e "uma distração para uma mulher que lutava contra seus demônios interiores". Poucas pessoas sabiam quão grave era a depressão de Blow — ela se suicidou em 2007 aos 48 anos.

Armadura e distração: o senso de moda inimitável de Isabella Blow atraía curiosidade, admiração e algum desprezo ocasional.

# ANNA WINTOUR
## Rainha impassível da moda

1999

Em 1988, em uma tentativa de revitalizar sua publicação principal, os donos da Condé Nast chamaram Anna Wintour (1949-) para Nova York, pretendendo que ela fosse editora da *Vogue* norte-americana. O "efeito Anna" foi imediato. Ela marcou território em termos inequívocos logo com sua primeira capa. Além dos closes feitos em estúdio com luz artificial, tornaram-se frequentes nas páginas da revista imagens inspiradas em "cenas" da vida, descontraídas, mas glamorosas. A edição de novembro de 1988 exibia a modelo israelense Michaela Bercu, de 19 anos, andando pelas ruas de Nova York com cabelo de garota de praia, sorriso enorme, calça jeans Guess detonada e uma jaqueta Christian Lacroix Couture cravejada de joias.

Wintour estabeleceu-se como uma editora que assumia riscos, com paciência limitada para o jeito habitual de resolver problemas, sentido comercial apurado, senso para o *zeitgeist* e talento certeiro que influencia a maneira como milhões de mulheres se vestem. Ela se mostrou também defensora ativa de estilistas, apoiando talentos incipientes como Marc Jacobs de forma tão entusiástica quanto endossava titãs bem estabelecidos, como Karl Lagerfeld, Oscar de la Renta e Gianni Versace (pp. 80-1). Sob os olhos atentos de Wintour, fotógrafos, maquiadores, modelos e cabeleireiros, todos recebiam crédito nas páginas de sua revista.

Os amigos dizem que a timidez está por trás da reputação de arrogante e distante, embora seu apelido, "Nuclear Wintour", tenha se tornado tão emblemático quanto seu corte chanel e seus óculos escuros. O estilo de Wintour no começo dos anos 1990 ainda estava em seus estágios evolutivos iniciais. Naquela época, embora com uma preferência inconfundível pelo glamour, ela tinha um quê esportivo forte, usando parcas com acabamento de pele, camisetas e até mesmo, quando a ocasião permitia, jeans. Raramente vista com uma bolsa (já naquele tempo), havia mais sorriso fácil e menos cara de egípcia enigmática.

Um visual Wintour clássico: elegante, mas anônima, graças ao corte chanel e aos óculos escuros.

# ÍNDICE

Os números de página em *itálico* indicam fotos.

# CRÉDITOS DE IMAGEM

O editor gostaria de agradecer aos seguintes colaboradores por sua permissão para reproduzir as seguintes fotos:

2 Julio Donoso/Sygma/ Corbis; 4 Michel Arnaud/ Corbis; 5 abaixo Ron Galella Collection/Getty; acima Stefan Rousseau/Press Association Images; 7 Michel Arnaud/Corbis; 9 Cortesia Nike; 10 SNAP/Rex Features; 11 KPA Movie Stills Library/ Eyevine; 13 Tim Roney/Getty Images; 15 Ron Galella Ltd/ WireImage/Getty Images; 17 Corrine Day/Trunk Archive; 19 Janette Beckman/PYMCA; 21 Rex Features; 23 Chris Moore/ Catwalking; 25 abaixo Steve Back/*Daily Mail*/ Rex Features acima Dana Lixenberg/Corbis; 27 Mark Large/*Daily Mail*/ Rex Features; 29 Richard Melloul/ Sygma/Corbis; 31 Jens Mortensen/*The New York Times* Syndicate; 33 Lyn Goldsmith/Corbis; 35 LFI; 37 Advertising Archives; 38 PYMCA 39 Matthew Smith/PYMCA; 41 Courtesy Art Club 2000; 43 Andre Camara/Reuters/ Corbis; 45 Jeff Kravitz/ FilmMagic, Inc/Getty Images; 47 Star Traks/Rex Features; 49 Advertising Archives; 50 Richard Kalvar/Magnum Photos; 51 Benainous- -Marouze/Gamma/Getty Images; 53 Rose Hartman/ Getty Images; 55 Dave Benett/ Getty Images; 56 David/ Swindells/PMYCA; 57 Kevin Cummins/Getty Images; 59 Abbas/Magnum Photos; 61 Everett Collection/ Rex Features; 63 Richard Young/ Rex Features; 65 Getty Images; 67 Paramount/ The Kobal Collection; 69 Kevin Cummins/Getty Images; 71 Nick Knight/Trunk Archive; 73 Veville Marriner/ *Daily Mail*/ RexFeatures; 74 Richard Young/Rex Features; 75 Mario Testino/ Art Partners; 77 Ken Towner/ Associated Newspapers/ Rex Features; 79 Rex Features; 81 B.D.V/Corbis; 83 Evan Agostini/Getty Images; 85 Chris Moore/ Catwalking; 87 Corbis; 89 Thierry Orban/ Sygma/ Corbis; 91 Richard Young/ Rex Features; 93 Retna; 95 Abaixo e acima Kevin Davies; 97 Gareth Watkins/ Reuters/Corbis; 99 Rex Features; 101 Anthea Simms; 103 Gary Hershorn/ Reuters/ Corbis; 105 Bill Cunningham/ *New York Times*/Eyevine; 107 Rex Features.

## CRÉDITOS

*Fifty fashion looks that changed the 1990s* foi publicado originalmente em 2013 por Conran, uma divisão da Octopus Publishing Group Ltd, Endeavour House, 189 Shaftesbury Avenue, Londres WC2H 8JY.
www.octopusbooks.co.uk

Hachette UK Company
www.hachette.co.uk



Coordenação do projeto: Publifolha
Editora assistente: Fabiana Medina
Produtora gráfica: Samantha R. Monteiro
Tradução: Laura Schichvarger
Revisão: Thâmara Veríssimo, Laila Guilherme
Revisão técnica: Mariana Rocha
Editoração eletrônica: MOS editorial

Edição original: Conran Octopus Ltd
Texto: Paula Reed
Publisher: Alison Starling
Consultoria: Deyan Sudjic
Editora sênior: Sybella Stephens
Editor: Robert Anderson
Design: Untitled
Iconografia: Sara Rumens
Produção: Sarah Kramer
Foto de capa: Kate Moss/ Dave Benett, Getty Images

**Dados Internacionais de Catalogação na Publicação (CIP)**
**(Câmara Brasileira do Livro, SP, Brasil)**

Reed, Paula
50 ícones que inspiraram a moda : 1990 / Paula Reed ; [tradução Laura Schichvarger]. – São Paulo : Publifolha, 2014. – (50 ícones que inspiraram a moda)

Título original: Fifty fashion looks that changed the 1990s.
ISBN 978-85-7914-521-6

1. Moda – História – Século 20 2. Moda – História – 1990-2000 I. Título. II. Série.

14-02203 CDD-746.92

**Índices para catálogo sistemático:**
1. Ícones que inspiraram a moda : 1990-2000 : Século 20 : História 746.92

Este livro segue as regras do Acordo Ortográfico da Língua Portuguesa (1990), em vigor desde 1º de janeiro de 2009.

Impresso na C&C Offset, China.

**PUBLIFOLHA**
Divisão de Publicações do Grupo Folha
Al. Barão de Limeira, 401, 6º andar
CEP 01202-900, São Paulo, SP
Tel.: (11) 3224-2186/2187/2197
www.publifolha.com.br